Jan Winkler

FRANZIS
ECHT EINFACH

D1672683

Ajax
= JavaScript + XML
FÜR SCHNELLEINSTEIGER

Mit 28 Abbildungen

Bibliografische Information der Deutschen Bibliothek

Die Deutsche Bibliothek verzeichnet diese Publikation in der Deutschen Nationalbibliografie; detaillierte Daten sind im Internet über **http://dnb.ddb.de** abrufbar.

© 2007 Franzis Verlag GmbH, 85586 Poing

Herausgeber: Jobst-Hendrik Kehrhahn
Satz: DTP-Satz A. Kugge, München
art & design: www.ideehoch2.de
Druck: Bercker, 47623 Kevelaer
Printed in Germany

ISBN 978-3-7723-**7039-7**

Inhaltsverzeichnis

1	**Einführung**	11
1.1	Aufbau dieses Buchs	12
1.2	Was muss ich können, um dieses Buch zu verstehen?	12
1.3	Welche Utensilien benötige ich?	13
	Ajax testen	13
1.4	Nützliche Editoren und Programme	14
	Der Alleskönner: Macromedia Dreamweaver	14
	Alleskönner Nr. 2: Microsoft Frontpage und Expression Web Designer	15
	Der Allrounder: Eclipse mit Eclipse Web Tools Platform	15
	Die Alternativen: UltraEdit, SuperHTML, Phase 5	16
1.5	Kostenlose Entwicklungsumgebung unter Windows einrichten	17
	Vorbereitung	17
	Der erste Start	19
	Der Aufbau der Entwicklungsumgebung	22
	Ein HTML- oder JavaScript-Projekt anlegen	23
	Mit HTML, CSS und JavaScript arbeiten	24
2	**JavaScript-Grundlagen**	29
2.1	Einführung	30
	Was ist JavaScript?	30
	Entstehung	30
	Clientseite und Serverseite	31
	Versionen und Browser	31

2.2   Erste Schritte 32
        Wie fange ich an? 32
        JavaScript und HTML 32
        JavaScript in einer externen Datei 34
        Wohin mit dem <script>? 34
        JavaScript starten 36
        Notationsregeln 37
        Schreibweise von Anweisungen....................................38
        Kommentare 39
2.3   Variablen 40
        Variablen deklarieren..41
        Datentypen von Variablen 41
        Typenumwandlung von Variablen 45
        ... in String umwandeln...46
        Haltbarkeit von Variablen 46
2.4   Operatoren 47
        Arithmetische Operatoren 47
        String-Operatoren 47
        Vergleichsoperatoren..48
        Logische Operatoren 48
        Bitweise Operatoren 49
        Zuweisungsoperatoren 50
        Spezielle Operatoren 50
2.5   Funktionen 51
        Parameter von Funktionen...52
        Rückgabewerte einer Funktion 53
        Verhalten von Variablen bei Funktionen 53
2.6   Bedingungen und Verzweigungen 54
        if-Abfrage 55
        if-else-Abfrage 56
        Konditionalabfrage 57
        switch-Abfrage 57
2.7   Schleifen 58
        for-Schleife 58
        for-in-Schleife 59
        while-Schleife 60

do-while-Schleife 61

Schleifenkontrolle 62

Label 63

2.8 Ereignisse 64

Ereignisse in HTML definieren 64

Ereignis-Skripts 65

Welche Ereignisse gibt es? 66

Rückmeldung auf Ereignisse geben 67

Ereignisse in JavaScript 68

2.9 Objekte 69

Objekte und Variablen 70

Einfache Objekte 71

Komplexe Objekte 71

Objekte verwenden 73

Unterobjekte 73

Vererbung von Objekten 74

2.10 Verarbeitung 76

with-Anweisung 76

this-Anweisung 78

try-catch-finally-Anweisung 78

throw-Anweisung 81

3 JavaScript in der Praxis 83

3.1 JavaScript und der Browser: die wichtigsten Objekte 84

Number-, Date-, Array- und String-Objekt 84

window-Objekt 84

document-Objekt 85

Weitere Objekte, Eigenschaften und Methoden 86

3.2 Datum & Zeit 86

Das Date-Objekt 86

Die Uhrzeit anzeigen 88

3.3 Mit Arrays arbeiten 89

Mehrdimensionale Arrays 90

Arrays sortieren 91

3.4   Formulare kontrollieren 94
      Zugriff auf Formulare...94
      Zugriff auf Formularelemente 94
      Formular überprüfen 95
3.5   Fenster & Frames 101
      Daten ins Dokument schreiben 101
      Popup erzeugen...103
      (Mehrere) Frames ändern 104
      Aufruf in fremdem Frameset verhindern 105
      Frameset nachladen..106
3.6   Mit Cookies arbeiten 108
      Cookies speichern 108
      Cookies auslesen 109
      Cookies löschen 110
      Mehrere Werte speichern und lesen 110
      Cookies in der Praxis 111

4   DHTML, der kleine Helfer.......................................113
4.1   Einführung 114
      Was ist DHTML?...114
      Wo hört JavaScript auf und wo fängt DHTML an? 115
      Was brauche ich für DHTML und wie schreibe ich es? 116
      Das Browserproblem 116
4.2   DHTML-Grundlagen 119
      Layer ansprechen..119
4.3   Mit Objekten arbeiten 121
      Neue Inhalte einfügen 121
      Neue Elemente anfügen 122
      Positionierung 123
      Vorder- und Hintergrund 125
      Elemente anzeigen und ausblenden 126
4.4   Mit Ereignissen richtig umgehen...............................127
      Ereignisse beim Microsoft Internet Explorer 127
      Ereignisse bei Netscape, Firefox und Opera 128
      Einheitliche Ereignisbehandlung 129

5   **DHTML – Praxisbeispiele** 131
5.1   Dropdown-Menü mit DHTML 132
        Ein- und Ausblenden vorbereiten 134
        Ein- und Ausblenden 135
5.2   Drag&Drop: Warenkorb mit DHTML 137
        Vorbereitung 137
        Drag 138
        … Move … 139
        … Drop 140

6   **Interaktion mit Ajax** 143
6.1   Einführung 144
        Was ist Ajax? 144
        Wozu Ajax? 144
        Voraussetzungen 145
        Vor- und Nachteile 146
6.2   Daten abrufen 147
        Exkurs HTTP 148
        Request absetzen 150
        Parameter senden 151
        Response entgegennehmen 153
6.3   XML & JavaScript 155
        Exkurs mit XML 156
        XML mit JavaScript verarbeiten 157
6.4   Andere Formen von Ajax 158
        Ajax ohne XML: JSON 159
        Ajax ohne XMLHttpRequest 160

7   **Einfacher arbeiten mit Ajax-Frameworks** 165
7.1   Einführung 166
        Was sind Frameworks? 166
        Wann brauche ich Frameworks? 166
7.2   Ajax im Browser: Spry & AjaXSLT 166
        Download & Installation 167
        Startklar? 167
        XML-Datasets & Dynamic Region 167

Inhaltsverzeichnis

7.3   Ajax mit PHP: Xajax 170
         Download & Installation 170
         ... fertig, los! 171
7.4   Ajax mit Perl, CF und Python: Sajax 174
         Download & Installation 174
         Ajax-Suche mit Sajax 174
7.5   Ajax mit ASP.NET: Atlas 176
         Download & Installation 176
         Ajax-Suche mit Atlas 177

8   Praxisbeispiele mit Ajax...181
8.1   Suchvorschläge mit Ajax 182
         Die Grundlage 182
         Daten vorbereiten 182
         Jetzt wird's dynamisch...184
         Auch Ajax kommt zum Zuge 185
         Und noch einmal das Ganze 189
8.2   Formularverarbeitung 193
         Die Grundlage 194
         Universelle Abfragetechnik 195
         Daten abfragen und verarbeiten 197
         Username, Ort und BLZ auswerten 198
         Das fertige Skript..198
8.3   Chat mit Ajax...203
         Vorbereitungen 204
         Login 204
         Nachricht absenden...207
         Nachrichten speichern...208
         Nachrichten abrufen 209
         Nachrichten anzeigen 210
         Das komplette Skript 214

Stichwortverzeichnis 221

Einführung

„JavaScript ist wieder cool!" – so oder so ähnlich hörte man in den letzten Monaten die JavaScript-Anhänger jubeln. Zwar war JavaScript nie völlig out, doch ist es nun dank Web 2.0 und der damit verknüpften Technologien wie Ajax wieder zu einem der heißesten Themen innerhalb der Webentwickler-Gemeinde geworden. Jeder will mit dabei sein, jeder Kunde will die vielen tollen neuen Funktionen auf seiner Webseite einsetzen und jeder Programmierer schmückt sich gern mit der Aussage, er beherrsche die nötigen Techniken.

Was ist JavaScript? Was steckt eigentlich dahinter? Wie wendet man es an? Was versteht man unter Ajax und wozu ist es überhaupt gut? Genau diesen Fragen werden wir in diesem Buch nachgehen. Am Ende des Buchs werden Sie die Grundzüge von JavaScript, DHTML und Ajax beherrschen, werden die gängigen Frameworks kennen und außerdem reichlich Praxisluft geschnuppert haben, sodass Sie danach bereit sind, eigene JavaScript- oder Ajax-Anwendungen zu entwickeln.

1.1 Aufbau dieses Buchs

Der Aufbau dieses Buchs ist so gestaltet, dass die einzelnen Kapitel mehr oder minder aufeinander aufbauen bzw. die in einem Kapitel erworbenen Kenntnisse für das Verständnis der darauf folgenden Kapitel benötigt werden. Allen Anfang macht das Kapitel zum Thema JavaScript, denn JavaScript bildet die Grundlage sowohl für DHTML als auch für Ajax und ist daher grundlegender Bestandteil einer jeden damit entwickelten Anwendung. Als Nächstes folgt eine kurze Einführung in das Thema DHTML, da viele der in Ajax verwendeten Methoden und Techniken nur dann Sinn machen, wenn man sie entsprechend einbringen kann – wozu in den meisten Fällen eben DHTML nötig ist. Anschließend erlernen Sie, was es mit Ajax auf sich hat und wie Sie es für Ihre Zwecke einsetzen können. Im letzten Einführungskapitel lesen Sie, welche Ajax-Frameworks Ihnen die Arbeit erleichtern. Die im Buch verwendeten Skripte finden Sie zum kostenlosen Download im Internet unter *www.buch.cd*.

1.2 Was muss ich können, um dieses Buch zu verstehen?

Grundsätzliche Voraussetzung, um den Inhalt dieses Buchs verstehen und anschließend umsetzen zu können, sind solide Grundkenntnisse in den Bereichen Internet (Funktionsweise, Protokolle usw.) und HTML. Letzteres ist für die Anwendung von JavaScript unerlässlich. Für die Arbeit mit DHTML sollten Sie darüber hinaus bereits mit CSS gearbeitet haben und – für das Verständnis von Ajax – über ein Basiswissen in XML verfügen. Da Ajax in der Regel im Verbund mit einer auf dem Webserver operierenden Sprache agiert, sind hier ebenfalls entsprechende Grundkenntnisse in zumindest einer serverseitigen Programmiersprache wie PHP, ASP/ASP.NET oder Java (JSP) sehr von Vorteil. Insbesondere bei größeren Anwendungen kommt zudem MySQL bzw. MS SQL als Datenbanksystem hinzu, für das ebenfalls entsprechende Kenntnisse vorliegen sollten.

Lassen Sie sich von der Fülle der eben aufgezählten Sprachen und Technologien jedoch nicht verunsichern: In der Regel werden je nach Anwendung und Zielsetzung nur wenige Sprachen benötigt. Um den Einstieg zu erleichtern, geben wir zudem an den passenden Stellen kurze Erläuterungen und bieten Exkurse in die jeweiligen Gebiete an.

1.3 Welche Utensilien benötige ich?

JavaScript und damit alle davon abhängigen Technologien begnügen sich mit recht wenig softwaretechnischem Beiwerk. Für die Programmierung von JavaScript-Anwendungen ist daher im simpelsten Fall ein Texteditor (z. B. Windows Notepad) zum Entwickeln sowie ein gängiger Browser zum Testen notwendig. Da JavaScript- und Ajax-Anwendungen allerdings auch schon mal ein paar hundert bis tausend Zeilen an Code umfassen können, empfiehlt es sich, hier auf einen entsprechend ausgerüsteten Editor zu setzen. Die meisten der verbreiteten Editoren unterstützen das Editieren von JavaScript-Code mit zahlreichen Dingen wie Syntaxhervorhebung, Autovervollständigung und weiterer Funktionen, die das Programmieren deutlich vereinfachen und damit effizienter machen.

Ajax testen

Da Ajax allein auf dem Client, d. h. auf dem Browser, wenig Sinn machen würde, benötigt man für diese Funktionen zusätzlich eine Webumgebung, auf der Techniken wie PHP, ASP oder JSP getestet werden können. Im einfachsten Fall lädt man die Dateien jeweils auf den eigenen Webspace hoch und testet sie dann dort – wem dies zu umständlich bzw. zeitaufwendig ist, der kann sich mit einem der sogenannten WAMP-Installationen behelfen. Dabei handelt es sich um ein Programmpaket für Windows, welches die Software Apache (ein Webserver), MySQL (Datenbanksystem) und PHP (serverseitige Programmierung) beinhaltet und in der Regel schon komplett vorgefertigt und vorkonfiguriert mit sich bringt. Ist sie einmal installiert, hat man auf dem heimischen PC einen eigenen Webserver samt Datenbank und PHP – ganz ähnlich wie bei den meisten Webhostern – und kann so recht einfach Ajax-Scripts in Verbindung mit PHP direkt von zu Hause aus testen.

1.4 Nützliche Editoren und Programme

Im Internet existieren zahlreiche Tools und Programme, die Ihnen die Arbeit am Code deutlich erleichtern können. Einige davon möchten wir Ihnen hier kurz vorstellen, um Ihnen die Auswahl zu erleichtern.

Der Alleskönner: Macromedia Dreamweaver

Wer gern alles etwas übersichtlich hat und sich beim Design seiner Webseite gern direkt anschauen möchte, was er da programmiert, ist mit der Lösung von Adobe gut beraten. Insbesondere das Erstellen des Designs einer Webseite fällt mit diesem Programm sehr leicht. Zudem bietet es Editorfunktionen, die einen direkten Eingriff in den Quellcode und damit die Möglichkeit zur Einbindung von JavaScript erlauben. Für den Einsteiger ist dieses Programm sehr zu empfehlen – Profis setzen jedoch auf reine Texteditoren. Das Programm gibt es ab 479,00 Euro.

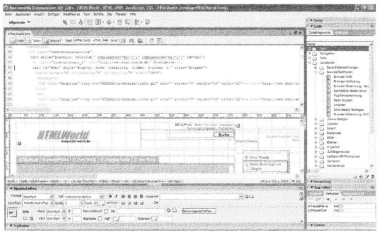

Abbildung 1 ~ Die Oberfläche von Dreamweaver lässt sowohl Codebearbeitung als auch WYSIWYG-Editor und Vorschau zu.

Alleskönner Nr. 2: Microsoft Frontpage und Expression Web Designer

Ebenfalls sehr für Anfänger zu empfehlen sind die Programme aus dem Hause Microsoft: Frontpage bzw. das Nachfolgeprodukt Expression Web Designer. Ähnlich wie Dreamweaver bieten sie einfache Funktionen zum Erstellen der Oberflächen, aber zugleich eben auch die Möglichkeit, den Code direkt zu bearbeiten. Frontpage ist in der 2003er Version ab etwa 220 Euro erhältlich, Expression Web Designer schlägt mit rund 380 Euro zu Buche.

Der Allrounder: Eclipse mit Eclipse Web Tools Platform

Ursprünglich aus einer Entwicklungsumgebung für die Programmiersprache Java hervorgegangen, mit einigen Tools und Plugins versehen nun aber sehr gut auch für HTML und JavaScript zu gebrauchen, ist Eclipse ein weiterer Allrounder. Das Programm ist ein reiner Texteditor – d. h., ein grafisches Bearbeiten wie bei Dreamweaver oder Frontpage ist nicht möglich. Dafür bietet das Programm umfangreiche Funktionen, die das Programmieren am Code deutlich vereinfachen und beschleunigen können. Als Open-Source-Programm kann es kostenlos unter *www.eclipse.org* geladen werden. Fortgeschrittene Programmierer und Profis setzen mehrheitlich auf derartige Entwicklungsumgebungen.

Die Alternativen: UltraEdit, SuperHTML, Phase 5 ...

Neben den drei vorgenannten Programmen gibt es eine ganze Reihe kostenloser und kostenpflichtiger Editoren im Internet, die im Wesentlichen die gleichen oder zumindest ähnliche Funktionen aufweisen. Im Besonderen zu nennen wären hier UltraEdit (49,95 Dollar, *www.ultraedit.at*), SuperHTML (69,95 Euro, *www.superhtml.de*) und Phase 5 (kostenlos, *www.qhaut.de*).

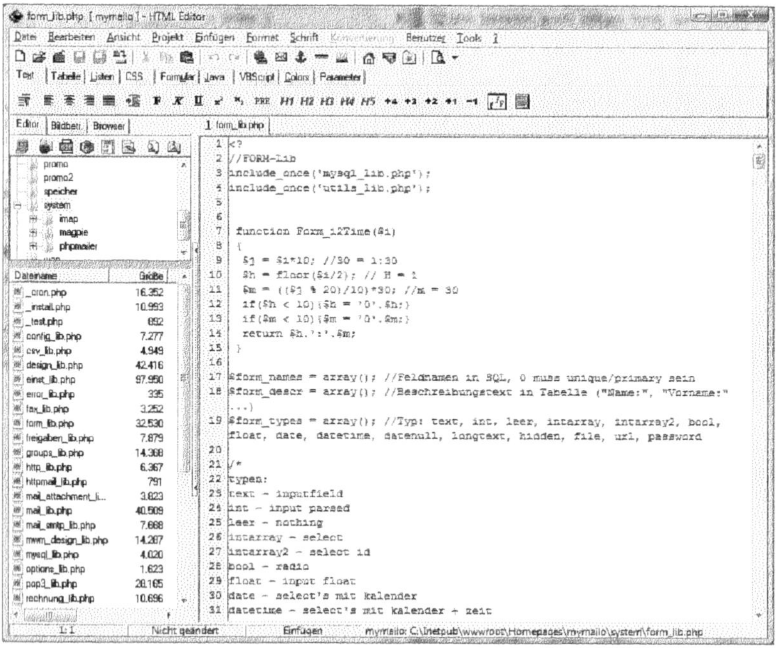

Abbildung 2 ~ Im Gegensatz zu Frontpage und Dreamweaver ist der HTML-Editor Phase 5 relativ „monoton".

1.5 Kostenlose Entwicklungsumgebung unter Windows einrichten

Um anschließend gleich richtig mit dem JavaScript-Programmieren loslegen zu können, braucht man, wie beschrieben, einen ordentlichen Editor oder noch besser, eine Entwicklungsumgebung. In diesem Zusammenhang sehr interessant ist die Entwicklungsumgebung Eclipse, da sie vielseitig einsetzbar ist und zudem kostenlos als Open-Source-Programm daherkommt. Für die Webentwicklung interessant ist hier das sogenannte WTP, ausgeschrieben Web Tools Platform, als eine Art Erweiterung oder Zusatztool zum „normalen" Eclipse-Editor.

Vorbereitung

Um Eclipse verwenden zu können, brauchen Sie es natürlich zunächst auf Ihrem PC. Gehen Sie also als Erstes zu *www.eclipse.org* und laden Sie dort das Programmpaket herunter. Innerhalb des Eclipse-Projekts gibt es hier eine ganze Reihe von Softwarekomponenten, die für alles mögliche gut sind, aber nicht zwangsläufig auch für die Webentwicklung benötigt werden. Sie können also die Programmpakete etwa zur Java-Entwicklung (nicht zu verwechseln mit JavaScript!) oder anderen Programmiersprachen links liegen lassen. Benötigt wird lediglich das WTP-All-in-one Paket, welches, wie der Name schon erahnen lässt, alle wichtigen Webtools mit sich bringt. In der aktuellen Version ist das Paket rund 205 MB groß und kann als *.zip-Datei für Windows heruntergeladen werden. Haben Sie die Datei geladen, entpacken Sie sie am besten nach *C:\Programme\Eclipse* bzw. unter Windows Vista nach *C:\Program Files\Eclipse* – es ist aber auch jeder andere Ort möglich. Eine Installation erfolgt nicht – das Programm ist also prinzipiell sofort nach dem Download startklar.

Java installieren

> **Wichtiger Hinweis**
>
> Dieser Abschnitt bezieht sich lediglich auf die Entwicklungsumgebung Eclipse, hat mit der Programmierung von JavaScript jedoch nichts zu tun – wenn Sie eine andere Software als Eclipse zur JavaScript-Programmierung einsetzen möchten, muss dazu die hier beschriebene Java-Umgebung nicht zwangsläufig installiert sein!

Da Eclipse eine Java-Anwendung ist, muss auf dem PC eine Java-Umgebung installiert und verfügbar sein. Diese Softwarekomponente ermöglicht die Ausführung von Java-Code auf einem PC und ist damit oberste Voraussetzung für die Funktionstüchtigkeit von Eclipse. Auf den meisten PCs ab Windows XP, 2003 und Vista ist sie bereits vorinstalliert – bei allen anderen muss dies gegebenenfalls noch nachgeholt werden. Ob die Runtime Engine installiert ist oder nicht, merken Sie ganz einfach daran, ob Eclipse startet: Öffnen Sie das Verzeichnis, in das Sie Eclipse entpackt haben (z. B. *C:\Programme\Eclipse*), und starten Sie dort die Datei *eclipse.exe*. Erscheint eine Fehlermeldung, muss Java noch nachinstalliert werden – in allen anderen Fällen läuft Eclipse bereits (beginnt meist mit dem Erscheinen eines Wizards/Einstellungshilfe). Ist die Runtime Engine noch nicht installiert, gehen Sie bitte wie folgt vor:

1 Begeben Sie sich auf *http://java.sun.com*

2 Dort finden Sie unter dem Punkt *Downloads* mehrere Softwarekomponenten namens Java EE SDK, Java ME, Java Development Kit (JDK) usw.

3 Benötigt wird und damit heruntergeladen werden sollte das Java EE SDK, da es zwar größer ist, dafür aber deutlich mehr Bibliotheken enthält, die man vielleicht später noch mal gebrauchen kann.

4 Laden Sie das SDK herunter und führen Sie das Setup aus. Nach ein paar Fragen und Angaben zum Speicherort und den zu installierenden Komponenten ist die Installation abgeschlossen und muss gegebenenfalls noch mit einem Neustart des Rechners vollendet werden.

5 Ist die Installation beendet und der Rechner gegebenenfalls neu gestartet, kann Eclipse verwendet werden – weitere Einstellungen sind nicht notwendig.

Der erste Start

Um Eclipse zu starten, begeben Sie sich einfach in das Verzeichnis, in das Sie die Software entpackt haben (z. B. *C:\Programme\Eclipse*), und doppelklicken auf die Datei *eclipse.exe*. Für die weitere Verwendung von Eclipse ist immer diese Datei zu starten – es ist daher empfehlenswert, sich eine Verknüpfung dazu auf dem Desktop anzulegen (einfach die Datei mit der rechten Maustaste auf den Desktop *ziehen*, loslassen und den Punkt *Verknüpfung hier erstellen* wählen).

Wird Eclipse zum ersten Mal gestartet, öffnet sich zunächst ein Wizard (Einstellungshilfe) mit der Frage nach dem Speicherort für die sogenannten Workspaces. Unter Workspaces versteht Eclipse im weitesten Sinne so etwas wie ein Projekt. In der Maske ist bereits ein Speicherort vorgegeben, der ruhig beibehalten werden kann:

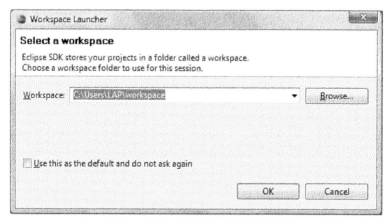

Abbildung 3 ~ **Auswahl des Speicherorts für Workspaces unter Windows Vista**

Setzen Sie hierbei am besten auch gleich das Häkchen bei „Use this as the default and do not ask again", um nicht bei jedem Start danach gefragt zu werden.

Anschließend startet der Willkommensbildschirm von Eclipse:

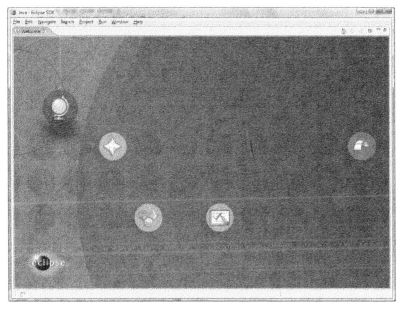

Abbildung 4 ~ Der Willkommensbildschirm von Eclipse

Hier finden sich einige Buttons zu den verschiedenen Hilfebereichen von Eclipse, etwa einer Einführung in die Software (sehr gut gemacht, leider aber nur auf Englisch), Beispielprogramme oder die Hilfe. Außerdem findet sich dort auch der Button „Workbench" der Sie zur eigentlichen Entwicklungsumgebung führt.

Der Aufbau der Entwicklungsumgebung

Eclipse ist sehr strukturiert aufgebaut und die Oberfläche ist sehr übersichtlich und sortiert:

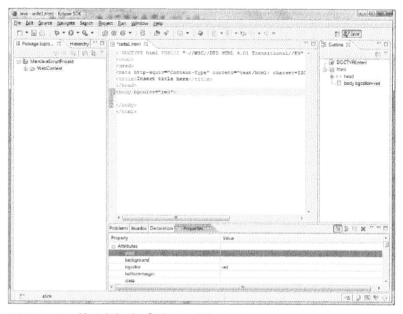

Abbildung 5 ~ Die Arbeitsoberfläche von Eclipse

Im oberen Bereich des Fensters finden sich die wichtigsten Icons, wie Sie es auch von vielen anderen Programmen her gewöhnt sind: Neue Datei, Speichern, Öffnen usw. Hier finden sich auch die Icons zum Starten der Anwendung (Play-Pfeil) sowie die Vorschau im Browser und weitere oft verwendete Aufgaben.

Der Hauptbereich ist in vier Felder aufgeteilt: Die Paketübersicht und History (kürzlich geöffnete Dokumente) links, das Codefenster in der Mitte, rechts die sogenannte „Outline" (zeigt Ihnen die Struktur des Dokuments) und unten die Registerkarten zu Eigenschaften, auftretenden Problemen und so weiter. Alle Fenster, Toolbars usw. lassen sich zudem sehr individuell konfigurieren und verändern, sodass sich jeder Entwickler die Umgebung genau so zusammenbasteln kann, wie es für ihn am einfachsten und produktivsten erscheint.

Ein HTML- oder JavaScript-Projekt anlegen

Gearbeitet wird bei Eclipse ausschließlich in Projekten, was zugleich Vor- und auch Nachteil ist: Um HTML-Dateien erstellen zu können, müssen Sie zunächst ein Projekt anlegen oder ein bestehendes öffnen.

Um ein neues Projekt anzulegen, wählen Sie in der Toolbar oben links den ersten Button („New") oder im Hauptmenü den Eintrag *File* → *New* → *Project*. Es öffnet sich der Wizard für neue Dateien und Projekte:

Abbildung 6 ~ Der „New"-Wizard hilft bei der Auswahl der neuen Datei oder des Projekts.

Hier zeigt sich gleich die Vielseitigkeit von Eclipse: Der Wizard bietet rund 15 Kategorien mit insgesamt über 60 verschiedenen Datei- und Projekttypen an.

Für uns als Webentwickler ist hier natürlich die Kategorie *Web* von besonderem Interesse, in der es u.a. folgende Einträge gibt:

- Dynamic Web Project – erstellt ein Projekt für JSP (Java Server Pages, vergleichbar mit ASP oder PHP)
- Static Web Project – erstellt ein normales Webprojekt ohne JSP-Unterstützung
- CSS – erzeugt eine CSS-Datei im aktuell geöffneten Projekt
- HTML – erstellt eine HTML-Datei in das aktuell geöffnete Projekt
- JavaScript – erstellt eine JavaScript-Datei in das aktuell geöffnete Projekt
- JSP – erstellt eine JSP-Datei
- Servlet – erstellt ein Java-Servlet (Java-Datei auf dem Server)

Für uns hier interessant ist zunächst das *Static Web Project* als Grundlage für unsere Dateien. Um später mit JavaScript arbeiten zu können, sollten Sie zunächst ein neues Projekt anlegen. Wählen Sie dazu den Eintrag in der Liste aus und klicken Sie auf *Next*. Anschließend muss ein Projektname eingegeben werden und es kann das Arbeitsverzeichnis ausgewählt werden. Mit Klick auf *Finish* wird das Projekt angelegt und ist innerhalb der Entwicklungsumgebung im Hauptfenster links im *Project Explorer* sichtbar. Mit dem Projekt angelegt wurde auch gleich ein Unterverzeichnis *WebContent* in das die HTML-, CSS- und JavaScript-Dateien hinein gehören. Um eine dieser Dateien zu erstellen, klicken Sie ebenso wie beim Erstellen des Projekts wieder auf den *New*-Button bzw. den entsprechenden Eintrag im Hauptmenü, wählen im Wizard den Dateityp aus und geben anschließend den Dateinamen und Speicherort sowie gegebenenfalls weitere Eigenschaften an.

Mit HTML, CSS und JavaScript arbeiten

Um die Arbeit mit HTML, CSS und JavaScript zu vereinfachen, besitzt Eclipse eine ganze Reihe von Funktionen und kleinen Hilfestellungen.

Nützliche HTML-Hilfen

Bei der Arbeit mit HTML-Dokumenten erweist sich die Codevervollständigung als sehr hilfreich. Geben Sie innerhalb eines HTML-Dokuments die öffnende Klammer ein (<), öffnet sich automatisch eine Liste der verfügbaren Elemente: Wurde die Klammer beispielsweise innerhalb von <table>…</table> geöffnet, zeigt Eclipse automatisch <tr>, <td> und weitere mögliche Elemente an:

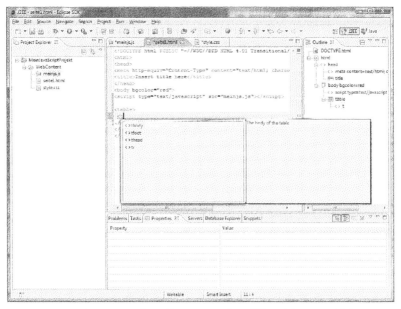

Abbildung 7 ~ Die Autovervollständigung von Eclipse hilft bei der Auswahl der möglichen Elemente

Außerdem sehr hilfreich: Setzen Sie den Cursor innerhalb eines Tags (<...>), erscheinen im unteren Fensterteil in der Registerkarte *Properties* automatisch die für dieses Element verfügbaren Attribute und können dort direkt bearbeitet werden:

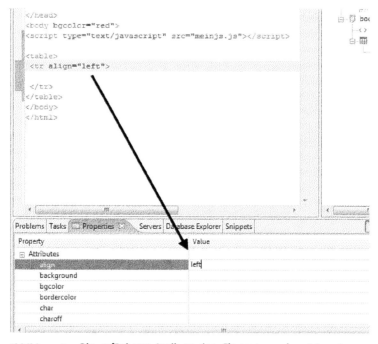

Abbildung 8 ~ Die verfügbaren Attribute eines Elements werden stets unten angezeigt.

Hinweis

Sollte die Registerkarte *Properties* nicht angezeigt werden, können Sie diese jederzeit im Hauptmenü unter *Window* → *Show View* → *Properties* aktivieren.

Nützliche CSS-Hilfen

Ebenso wie bei HTML-Dateien gibt es auch zahlreiche Funktionen, die Ihnen bei CSS-Dateien aushelfen können. Ähnlich wie bei HTML-Elementen werden hier bei CSS-Definitionen die verfügbaren CSS-Eigenschaften angezeigt und können direkt im Editor angepasst werden:

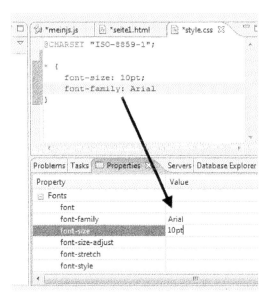

Abbildung 9 ~ CSS-Eigenschaften für diese Definition können direkt unten innerhalb der Tabelle ausgefüllt werden.

Nützliche Hilfen für JavaScript

Zu guter Letzt unterstützt Eclipse natürlich auch zahlreiche Funktionen, die Ihnen die Arbeit an JavaScript deutlich erleichtern können. Hierzu gehören etwa diverse Highlight-Funktionen (Beispiel: Steht der Cursor hinter einer schließenden Klammer, wird die dazugehörige öffnende Klammer hervorgehoben) oder eine Objektcode-Vervollständigung, die Ihnen ähnlich wie bei HTML die ‹ nach einem Punkt die verfügbaren (Unter-)Objekte anzeigt (was Objekte sind, zeigen wir Ihnen später):

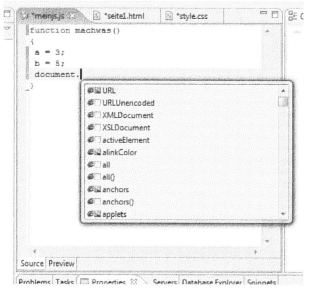

Abbildung 10 ~ Eclipse erkennt automatisch das Objekt *document* und zeigt die dazu verfügbaren Unterobjekte an.

JavaScript-Grundlagen

Das erfahren Sie in diesem Kapitel:

- *Was JavaScript ist und wie Sie damit umgehen*
- *Wie Sie Variablen richtig einsetzen*
- *Wie Sie eigene Funktionen und Objekte erstellen*
- *Abfragen, Schleifen und Ereignisse richtig nutzen*

JavaScript ist eines der mächtigsten Werkzeuge für jeden Webentwickler und kann mit wenigen Handgriffen und einfachem Code für neues Leben in nahezu jeder Webseite sorgen. Darüber hinaus bildet es die Basis für alle Techniken, die im Folgenden in diesem Buch beschrieben werden, und ist daher elementarer Bestandteil einer jeden DHTML- oder Ajax-Anwendung. In diesem Kapitel wollen wir Ihnen daher einen kurzen, aber umfassenden Einblick in die Java-Script-Programmierung bieten und Ihnen damit die Werkzeuge an die Hand geben, die Sie für spätere Entwicklungsaufgaben benötigen.

2.1 Einführung

Was ist JavaScript eigentlich? Grob gesagt: JavaScript ist eine Programmier-sprache, mit deren Hilfe z. B. innerhalb des Browsers bestimmte Aktionen durchgeführt werden können. Zu diesen Aktionen gehören z. B. das Auswerten von Formularen, Auslesen und Schreiben von Cookies oder einfach das Öffnen eines neuen Browserfensters (das sogenannte Popup).

Was ist JavaScript?

Fasst man es etwas genauer, ist JavaScript eine Technologie, um relativ ein-fache Programmabläufe erstellen zu können. Die Sprache ist dabei, wie der Name vermuten lässt, stark an die Programmiersprache Java angelehnt – wer Java schon kann, wird mit JavaScript keine Probleme haben. In den häufigsten Fällen wird JavaScript innerhalb des Browsers zur Steuerung des Browserinhalts bzw. zur Interaktion mit dem Benutzer eingesetzt. Darüber hinaus gibt es jedoch auch Softwareumgebungen, in denen JavaScript direkt auf dem Server eingesetzt wird. Da diese Varianten jedoch kaum Verbreitung gefunden haben, wird JavaScript in der Regel mit clientseitigem JavaScript gleichgesetzt.

Entstehung

JavaScript ist vergleichsweise alt und kann auf eine mehr oder minder lange Geschichte zurückblicken. Ursprünglich entwickelt wurde es um 1996 herum von der Firma Netscape, von der damals auch der populärste Browser stammte (mittlerweile wurde die Browser-Sparte weitgehend aufgegeben und in das freie Mozilla/Firefox-Projekt überführt). Der Name sollte ursprünglich LiveScript heißen, wurde jedoch aufgrund der damaligen enormen Bekanntheit und aufgrund der angelehnten Syntax nach der Programmiersprache Java benannt. Im Zuge der Rivalität zwischen Microsofts Internet Explorer und Netscapes Navigator wurde auch die Entwicklung von JavaScript vorangetrieben, die jedoch mit dem Ende des sogenannten „Browserkriegs" und dem Rückzug Netscapes aus der Browserwelt ins Stocken geriet. Bislang sind 6 Versionen (1.0 bis 1.5) entstanden, die sich jeweils durch Neuerungen in Sachen Syntax und verfügbarer Objekte (Bibliotheken) unterscheiden.

Clientseite und Serverseite

JavaScript ist weitestgehend eine clientseitige Sprache, d. h., sie wird vorwiegend auf dem Browser ausgeführt und kommt nur selten direkt auf dem Webserver zum Einsatz. Der Browser lädt dazu vom Server die Webseite (das HTML-Dokument) herunter und durchsucht sie nach Vorkommen von JavaScript-Code. Wird solcher Code gefunden, wird er ausgeführt und je nach Inhalt und Ergebnis angezeigt bzw. ausgegeben.

Effektiv auf einem Server zum Einsatz gekommen sind lediglich SSJS (Serverside JavaScript) – ein Feature von Netscapes damaliger Webserver-Software – sowie die Möglichkeit, bei Microsofts ASP-Implementation statt VBScript auch JScript (Microsofts Name für JavaScript) einzusetzen. In der Praxis haben allerdings weder Netscapes Webserver noch ASP+JScript eine bedeutende Relevanz.

Versionen und Browser

Je nach Browserhersteller und -version wird jeweils nur eine bestimmte Java-Script-Version oder teilweise sogar nur Teile einer bestimmten Version unterstützt. Darüber hinaus war es lange Zeit der Fall, dass die beiden meistverwendeten Browser Microsoft Internet Explorer und Netscape Navigator (jetzt Mozilla Firefox) teils gegenläufige Methoden, Objekte und Technologien unterstützten und damit einem jeden Programmierer die Arbeit schwer machten, wenn dieser versuchte, die Webseite für möglichst alle Browser zugänglich zu machen. Dies ist zum Glück mittlerweile nicht mehr von so tragender Bedeutung. Zwar existieren immer noch diverse Browser, die JavaScript teils sehr unterschiedlich beherrschen – aufgrund der weiten Verbreitung des Internet Explorer 6 bzw. 7 sowie des Mozilla Firefox 1.5 bzw. 2 und damit einhergehender Vereinheitlichung sind wir mittlerweile jedoch an einem Punkt, an dem das Thema Browser für JavaScript allein eine eher untergeordnete Rolle spielt. Einzig bei neueren Technologien wie Ajax bestehen leider immer noch Probleme, wenn es um Browserkompatibilität geht – dazu aber an der jeweiligen Stelle dann mehr.

2.2 Erste Schritte

Nun ist es an der Zeit, dass wir uns konkret mit der Programmierung von Java-Script beschäftigen. Um Ihnen den Einstieg zu erleichtern, werden wir mit sehr einfachen Beispielen beginnen und uns im Verlauf dann komplexere und umfangreichere Themen ansehen.

Wie fange ich an?

Für alle Schritte in diesem Kapitel benötigen Sie zunächst einmal einen Editor bzw. eine Möglichkeit, den hier gezeigten Beispielcode in eine Datei einzugeben. Im vorhergehenden Kapitel haben wir Ihnen dazu einige Programme vorgestellt – nun ist es an der Zeit, eines davon zum Einsatz kommen zu lassen: Öffnen Sie das Programm Ihrer Wahl und legen Sie eine neue, leere HTML-Datei an, in die Sie den Code einfügen können. In Eclipse geschieht dies über den Button *New* und die Auswahl *Web → HTML*.

JavaScript und HTML

Wie bereits eingangs erwähnt, wird JavaScript-Code direkt in das HTML-Dokument geschrieben. Damit der Browser JavaScript-Code von normalem Text unterscheiden kann, wird dieser innerhalb eines `<script>`-Elements notiert. Ein einfaches Beispiel hierzu:

```
<html>
<head>
 ...
</head>
```

```
<body>
 <script type="text/javascript" language="JavaScript">
 <!-
  alert('Ich bin internes JavaScript!');
 //->
 </script>
</body>
</html>
```

Im obigen Beispiel findet sich ein `<script>`-Abschnitt, welcher den Code direkt im HTML-Dokument enthält. Dieser wird hier innerhalb von `<script ... >` und `</script>` in ein HTML-Kommentar gesetzt (damit ältere Browser keine Probleme haben). In diesem Beispiel besteht der JavaScript-Code also aus der einen Zeile ...

```
alert('Ich bin JavaScript!')
```

... welche die Ausgabe des Textes innerhalb eines kleinen Meldungsfensters hervorruft. Speichern Sie die Datei z. B. als test.html und öffnen Sie sie in einem Browser. Anschließend wird in etwa folgendes Fenster angezeigt:

Abbildung 11 ~ Der `alert`-Aufruf zeigt eine Meldung an

Glückwunsch zu Ihrem ersten kleinen JavaScript!

JavaScript in einer externen Datei

Wenn die Skripts einmal umfangreicher werden oder etwa innerhalb mehrerer Seiten genutzt werden sollen, kann JavaScript-Code ganz einfach in eine externe Datei ausgelagert und von allen anderen Dateien darauf zugegriffen werden. Um dies zu tun, wird der Code aus dem `<script>`-Abschnitt ausgeschnitten und in eine neue Datei kopiert. Gehen Sie hier wie folgt vor:

1 Öffnen Sie eine neue, völlig leere (JavaScript-)Datei und geben Sie dieser den Dateinamen extern.js.

2 Schneiden Sie den JavaScript-Code aus dem obigen Beispiel aus der Datei aus (ohne den Kommentarcode, also nur die Zeile `alert('Ich bin internes JavaScript!');`).

3 Fügen Sie den ausgeschnittenen Code in die Datei extern.js ein und speichern Sie sie im gleichen Verzeichnis, in dem auch die HTML-Datei sich befindet.

4 Ändern Sie den `<script>`-Abschnitt in der HTML-Datei in:

```
<script type="text/javascript"
language="JavaScript" src="extern.js"></script>
```

Wie im Beispiel zu sehen, wird innerhalb des `src`-Attributs die Datei benannt, in der sich der JavaScript-Code befindet. Findet der Browser in einem HTML-Dokument einen `<script>`-Abschnitt, in dem dieses Attribut enthalten ist, wird die benannte Datei nachgeladen und anschließend ausgeführt – also letztlich so, als ob der Code ähnlich wie beim ersten Beispiel direkt in der HTML-Datei stehen würde.

Wohin mit dem <script>?

Je nach Anwendung unterscheidet sich die Position des Skripts innerhalb der HTML-Datei. Grundsätzlich ist es zwar nahezu egal, wo ein Skript innerhalb des Codes definiert ist, jedoch gibt es hier gewisse Umstände, die eine bestimmte Positionierung vorbestimmen können.

Grundsätzlich ist es so, dass das JavaScript-Skript an der Stelle ausgeführt wird, an der es im Code notiert wurde. Sofern man mit JavaScript also die Ausgabe von Text in die Seite erzeugt, muss der Aufruf der entsprechenden Funktionen an dieser Stelle stattfinden, damit der ausgegebene Text auch korrekt platziert wird und nicht einfach irgendwo erscheint. Beispiel:

```
<html>
<head>
 <title>Mein erstes JavaScript</title>
</head>
<body >
<h1>
<script type="text/javascript" language="JavaScript">
<!-
 document.write('Ich bin JavaScript');
//->
</script>
</h1>
...
</body>
</html>
```

Das Beispiel schreibt den Text „Ich bin JavaScript" an die Stelle im Code, an der das Skript steht. Der Browser zeigt den Text in diesem Fall also als Überschrift an.

Um einen sauberen Code zu erzeugen, der auch von anderen Programmierern möglichst einfach verstanden werden kann, empfiehlt es sich, externe Java-Script-Skripts sowie die Definition von Funktionen grundsätzlich im <head>-Bereich einer Seite vorzunehmen und lediglich den Funktionsaufruf innerhalb des <body> zu setzen. Letztlich bleibt es allerdings Ihnen überlassen, ob Sie sich daran halten.

JavaScript starten

Wird ein JavaScript-Skript in einem Dokument definiert, wird dieses sofort beim Laden des Dokuments vom Computer durchsucht und alle Anweisungen, die nicht innerhalb einer Funktion (dazu später mehr) stehen, ausgeführt. Neben diesem Autostart gibt es zwei weitere Möglichkeiten, ein definiertes Skript zu starten:

1 Sie rufen das Skript bzw. besser gesagt die Funktion, die benötigt wird, mittels eines Ereignisses (engl. Event) auf. Ein Ereignis könnte dabei z. B. das Überfahren eines Bildes mit der Maus, ein Tastendruck oder ein Klick sein. Wie Sie Ereignisse definieren und auf diese reagieren, zeigen wir Ihnen im Kapitel 2.8 „Ereignisse".

2 Die zweite Möglichkeit besteht darin, direkt auf den Klick auf einen Link zu reagieren. Dies ist letztlich zwar eine Form der Ereignisbehandlung, geschieht aber auf einem etwas anderen Weg: Der Link wird dabei wie jeder andere normale Link in HTML definiert, lediglich der Wert des href-Attributs wird durch den Ausdruck javascript: gefolgt von den gewünschten Java-Script-Anweisungen ersetzt. Beispiel:

```
<a href="javascript:alert('Ich bin'+
'JavaScript!');">Klick mich!</a>
```

Attribute des script-Elements

Im oben gezeigten Beispiel werden zwei Attribute angegeben – das type- und das language-Attribut. Das type-Attribut beschreibt, welche Art von Skript sich im Inneren des <script>-Tags befindet – in unserem Fall also JavaScript, was durch text/javascript zum Ausdruck gebracht wird. Das language-Attribut tut eigentlich das Gleiche, ist allerdings kein offizielles W3C-Attribut (wer seine Dokumente also 100% konform haben möchte, sollte darauf verzichten). Es gibt ebenfalls an, um welche Sprache es sich handelt, kann zudem aber auch die Version angeben. Mögliche Werte hierfür sind:

- `JavaScript` – besagt, dass es sich allgemein um JavaScript handelt
- `JavaScript1.1` – besagt, dass der JavaScript-Code Elemente enthalten kann, die erst ab der Version 1.1 verfügbar sind.
- `JavaScript1.2` – besagt, dass der JavaScript-Code Elemente enthalten kann, die erst ab der Version 1.2 verfügbar sind.
- usw.

Da die meisten Browser es mit der Deutung dieser beiden Attribute allerdings nicht so genau nehmen, können prinzipiell beide auch weggelassen werden, ohne damit größere Probleme bei einem Browser anzurichten – wer es korrekt und genau machen will, sollte aber zumindest das `type`-Attribut angeben.

Notationsregeln

Schauen wir uns nun etwas näher den JavaScript-Code an. JavaScript besitzt eine recht einfache Syntax, die mehr oder minder genau festschreibt, wie bestimmte Dinge zu schreiben sind, damit sie der Computer auch verstehen kann. Die Syntax ist damit sozusagen so etwas wie die Grammatik in der (gesprochenen) Sprache, ohne die wir unser Gegenüber ja auch nur schwerlich verstehen würden.

Groß- und Kleinschreibung

Der wichtigste Punkt in der Grammatik von JavaScript: JavaScript ist case-sensitiv. Das bedeutet nichts anderes, als dass auf Groß- und Kleinschreibung zu achten ist. Wurde eine Variable mit dem Namen `meineVariable` – also mit großem V – definiert, muss diese auch immer genau in dieser Schreibweise abgefragt werden. Ganz einfach testen können Sie dies an unserem vorangegangenen Beispiel, indem Sie die Schreibweise von `alert` verändern und schauen, was passiert:

```
Alert('Ich bin internes JavaScript');
aLert('Ich bin internes JavaScript');
ALERT('Ich bin internes JavaScript');
```

Alle drei Schreibweisen funktionieren nicht und werden vom Browser mit einer Fehlermeldung beantwortet:

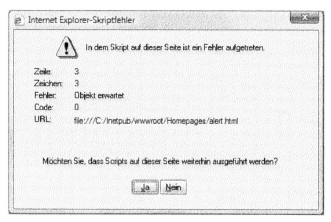

Abbildung 12 ~ Die Fehlermeldung im Internet Explorer, nachdem alert falsch geschrieben wurde.

Schreibweise von Anweisungen

Als Zweites ist die Schreibweise von Anweisungen eindeutig zu halten. Damit der Computer genau unterscheiden kann, wo eine Anweisung aufhört und die nächste beginnt, muss daher entweder ein Zeilenumbruch oder ein Semikolon nach einer Anweisung gesetzt werden. Beispiel:

```
alert('1'); alert('2')
alert('3')

alert('4'); alert('5'); alert('6');
```

Der Computer beginnt dann im Code oben links mit der Ausführung und arbeitet sich – in natürlicher Leserichtung – nach unten rechts durch. Er führt die vorgefundene Anweisung aus und geht zur nächsten, so lange weiter, bis der Code beendet ist oder eine Anweisung die Ausführung beendet. In diesem Beispiel werden also nacheinander die Zahlen von 1 bis 6 jeweils in einem Meldungsfenster angezeigt.

Hierbei sei auch auf die Verwendung von Whitespaces, also Leerzeichen, Zeilen-umbrüchen, Zeilenvorschub, Tabulator usw. hingewiesen. Sofern diese nicht innerhalb einer Zeichenkette (String) auftreten, wird JavaScript jegliche Anein-anderreihung von Whitespaces zu einem Leerzeichen zusammenfassen. Im Umkehrschluss bedeutet das: Es ist egal, wie viele Leerzeichen, Leerzeilen oder Tabs Sie verwenden, da diese immer zu einem Leerzeichen zusammengefasst werden. Zudem ist es egal, ob zwischen Operatoren (z. B. = oder +) Lehr-zeichen vorhanden sind oder nicht, sofern sich der Sinn dadurch nicht ändert. Beispiel:

```
a = 3 + 1;
a=3+1;
a=    3       +      1;
a= 3 +
1;
```

Alle vier Schreibweisen ergeben letztlich für den Computer das gleiche Resul-tat, nämlich „a ist gleich 3 plus 1".

Hinweis

Da es prinzipiell egal ist, ob bzw. wie viele Leerzeichen, Zeilenumbrü-che usw. im Code enthalten sind, steht es jedem Programmierer frei, wie er seinen Code formatiert, um einen möglichst einfachen Über-blick, gerade bei längeren Codeabschnitten, zu behalten. Es emp-fiehlt sich hier, ein möglichst einheitliches „Schriftbild" zu verwen-den, sodass der Code auch nach längerer Zeit noch ohne Weiteres lesbar ist.

Kommentare

Kommentare sind Abschnitte innerhalb des Codes, die vom Computer ignoriert werden sollen. Sie dienen etwa dazu, die Übersicht zu behalten oder sich Noti-zen zu bestimmten Programmstücken zu machen. Ein einzeiliger Text wird durch zwei vorangestellte Schrägstriche (//) zum Kommentar: Alles, was diesen Stri-chen in dieser Zeile folgt, wird dann vom Computer ignoriert. Sollen mehrere Zeilen als Kommentar fungieren, kann dazu entweder jede Zeile mit den zwei

Schrägstrichen auskommentiert werden oder – der einfachere Weg – der Kommentartext wird von /* am Anfang und */ am Ende umschlossen. Beispiel:

```
a = 3; // ein einzeiliger Kommentar

/* ein mehrzeiliger
   Kommentar          */
```

2.3 Variablen

Nachdem wir nun die Notationsregeln von JavaScript kennen, können wir uns an den ersten wichtigen Schritt in Richtung Programmieren wagen: die Betrachtung der Variablen.

Ohne Variablen funktioniert quasi keine moderne Programmiersprache. Variablen dienen dazu, Werte zu speichern, ohne dazu deren Speicheradresse im RAM genau kennen zu müssen – sie sind also letztlich eine Vereinfachung der Speicherbelegung. Jede Variable erhält dazu einen Namen, unter dem der zu speichernde Wert abgelegt und wieder gefunden werden kann. Beispiel:

```
Summand1 = 3;
Summand2 = 9;
Summe = Summand1 + Summand2;
```

Obiges Beispiel zeigt die einfachste Form der Variablenverwendung: Zwei Variablen Summand1 und Summand2 werden mit Werten belegt (3 und 9). Anschließend werden die Variablen zum Berechnen eines dritten Wertes verwendet. Der Computer greift hierzu in Zeile 3 jeweils auf die Werte der beiden Variablen zurück, addiert diese und speichert das Ergebnis (also den Wert 12) wiederum in der Variablen Summe.

Wie kommt die Variable zustande? Und wie weiß der Computer, dass es eine Variable Summand1 gibt? Ganz einfach: Sobald der Computer ein für ihn unbekanntes Wort innerhalb des Codes findet, nimmt er an, es handelt sich dabei um eine Variable, und legt für diese einen Speicherbereich an. Es muss in Java-Script also nicht explizit definiert werden, dass man nun Speicher für eine Variable benötigt.

Variablen und Namen

Eine Variable kann prinzipiell jeden Namen tragen – egal, ob dieser sinnvoll ist oder nicht. Jedoch gibt es einige wenige Einschränkungen, was die Namensvergabe angeht:

- Es sind lediglich Buchstaben (Umlaute sollten vermieden werden), Zahlen sowie der Binde- und Unterstrich erlaubt.
- Der Variablenname muss mit einem Buchstaben oder Unterstrich beginnen.
- Der Name darf nicht mit einem reservierten Wort übereinstimmen. Reservierte Wörter sind etwa alle Wörter, die für Kontrollstrukturen verwendet werden, etwa if, else oder for usw.

Variablen deklarieren

Auch wenn es nicht grundsätzlich notwendig ist, können Variablen explizit als solche definiert werden. Hierzu wird das Wort var vor den ersten Aufruf des Variablennamens gestellt. Der Computer weiß dann, dass es sich bei dem Namen um eine neu anzulegende Variable handelt, und sucht nicht erst nach eventuell bestehenden Variablen oder Objekten. Zudem können damit gleich mehrere Variablen auf einen Schlag erstellt werden. Beispiel:

```
var a = 3,b,c,d=4;
```

Das Beispiel definiert die Variablen a, b, c und d und weist a und d gleich einen Wert (3 bzw. 4) zu, während b und c noch keinen Wert tragen.

Datentypen von Variablen

Anders als bei anderen Programmiersprachen sind JavaScript-Variablen nicht an einen bestimmten Datentyp gebunden, sondern können ohne Weiteres nacheinander Daten verschiedener Typen aufnehmen – etwa erst eine Zahl, dann Text und dann ein Datum – ohne dass dazu die Variable verändert werden muss:

```
a = 3;                  // a ist jetzt Datentyp Number (Zahl)
a = 'ich bin Text'; //  ... und nun ein String (Text)
a = new Date();       //  ... und jetzt ein Date (Datumswert)
```

Je nach Typ der in der Variablen zu speichernden Daten unterscheidet sich jedoch die Notation der Werte. Wie im obigen Beispiel zu sehen ist, werden etwa Strings (also Text) in Anführungszeichen notiert, während Zahlen ohne Anführungszeichen auskommen. Folgende Datentypen gibt es in JavaScript:

Datentyp	Beschreibung
String	Text bzw. Zeichenfolgen werden grundsätzlich von Anführungszeichen umschlossen. Verwendbar sind " und " bzw. ' und '. Nicht möglich sind etwa „ und " oder « und ». Ebenfalls nicht möglich sind Vermischungen ("text' bzw. 'text"). Zeilenumbrüche, Zeilenvorschub, Tabulator usw. müssen zudem durch besondere Schreibweisen ausgedrückt werden – dazu weiter unten mehr.
Dezimalzahl	Integerwerte, auch Ganzzahlen genannt, werden ohne Anführungszeichen notiert. Negativen Zahlen stellt man ganz normal ein Minuszeichen voran.
Oktalzahlen	Oktalzahlen (Basis 8) notiert man, indem der Zahl eine Null (0) vorangestellt wird. Die Schreibweise 012 entspricht also nicht der Dezimalzahl 12, sondern 10.
Hexadezimalzahlen	Hexadezimalzahlen (Basis 16) werden mit vorangestelltem Null-x (0x) notiert. Die Schreibweise 0x12 entspricht demnach der Dezimalzahl 18. Verwendbare Zeichen sind 0 ... 9 sowie A ... F.
Fließkommazahlen	Fließkommazahlen oder auch Gleitkommazahlen (Schuldeutsch: reelle Zahl) werden wie Dezimalzahlen ohne Anführungszeichen und mit Punkt statt Komma notiert. Die Zahl Pi wird in JavaScript also mit 3.14159265 notiert.

Datentyp	Beschreibung
Wissenschaftliches Zahlenformat	Alle Zahlen können zudem in wissenschaftlicher Schreibweise mit Exponent notiert werden. Hierzu wird der Basiswert gefolgt vom Buchstaben e sowie dem Exponentenwert notiert, also z. B. 3e4 für die Zahl 30000.
Boolesche Werte	Wahrheitswerte oder boolesche Werte werden mit den Worten true für wahr bzw. false für falsch und ohne Anführungszeichen notiert.
Objekte	Objekte sind ein eigener Datentyp, der wiederum andere Datentypen einschließen kann. Näheres zu Objekten finden Sie im Kapitel 2.9 „Objekte".
Abstrakte Datentypen	Neben den „normalen" Datentypen können JavaScript-Variablen weitere Datentypen wie Arrays (Listen), null oder undefined annehmen. Zu diesen später mehr.

Tabelle 1: Datentypen in JavaScript

Sonderzeichen in Stringwerten

Sofern in einem Stringwert bestimmte Sonderzeichen wie etwa der Zeilenumbruch oder der Tabulator vorkommen sollen, müssen diese mittels einer besonderen Schreibweise notiert werden. Hierzu wird der Backslash (\) gefolgt vom Namenskürzel bzw. dem Zeichen notiert. Beispiel:

```
var a = 'Mein Hund heißt \'Wuffi Wuff\'!';
var b = 'Zeile 1\r\nZeile 2';
```

Wie im Beispiel zu sehen, ist diese Darstellung von Sonderzeichen insbesondere bei der Verwendung von Anführungszeichen wichtig, da der Computer damit genau feststellen kann, ob es sich bei dem gesetzten Anführungszeichen um ein zum Text gehörendes Zeichen oder um das Ende der Zeichenfolge handelt. Gleiches gilt bei Zeilenumbrüchen und Zeilenvorschub (\r\n), da diese nach JavaScript-Syntax nicht einfach in den Code notiert werden könnten. Obiges Beispiel erzeugt in ein Meldungsfenster ausgegeben folgende Ansicht:

Abbildung 13 ~ Sonderzeichen in Strings

Folgende Sonderzeichen sind in JavaScript definiert:

Schreibweise	Unicode-Schreibweise	Zeichen
\'	\u0027	Einfache Anführungszeichen '
\"	\u0022	Doppelte Anführungszeichen "
\\	\u005D	Backslash \
\r	\u000D	Carriage Return (Zeilenumbruch)
\n	\u000A	Line Feed (Zeilenvorschub)
\t	\u0009	Tabulator
\b	\u0008	Backspace
\f	\u000C	Form Feed

Tabelle 2: Benannte Sonderzeichen in JavaScript

Wie der obigen Tabelle zu entnehmen ist, können sämtliche Zeichen außerdem in Unicode-Schreibweise notiert werden, indem man der Unicode-Nummer die Zeichenfolge \u voranstellt.

Sonderformen null und undefined

Sonderformen stellen die Werte null und undefined dar. Der Wert null bedeutet, dass eine Variable erstellt wurde, die aber noch keinen Wert besitzt. Der Wert undefined besagt hingegen, dass eine Variable nicht existiert (eben undefiniert ist). In der Praxis machen die meisten Browser jedoch keinen Unterschied.

Typenumwandlung von Variablen

Dass Variablen keinem bestimmten Datentyp angehören müssen, sondern flie-ßend wechseln können, kann in vielen Situationen als Vorteil angesehen werden. Prinzipiell ist fast jede Umwandlung ohne größeren Aufwand möglich – oftmals gibt es auch mehrere Wege, wie sich der Typ einer Variablen ändern lässt.

Strings umwandeln zu ...

Da Nutzereingaben quasi grundsätzlich als String ausgegeben werden (schließ-lich ist selbst eine Zahl-Taste auch nur ein Zeichen und damit ein String), finden die häufigsten Umwandlungen vom Typ String aus statt – schließlich lässt sich mit Text schlecht rechnen. In den meisten Fällen ist der Computer sogar selbst „clever" genug, um zu erkennen, dass ein String gleichbedeutend mit einer Zahl ist. Einige Beispiele:

```
//String zu Zahl (unsichere Variante)
a = '72'; a++; a--;

//String zu Integer
a = parseInt('72');
a = Number('72');

//String zu Float
a = parseFloat('72.67');

//String zu Hex
a = parseInt('0x48');
a = Number('0x48');

//String zu Octal
a = parseInt('0110');

//String zu Boolean
a = 'ja'; a = a == 'ja';
a = new Boolean('true');
```

... in String umwandeln

Bei der (Rück-)Umwandlung von Zahlen oder Boolean in Strings geht es zudem noch einen Schritt einfacher, da sich quasi jeder Datentyp ohne Umwandlung als String darstellen lässt:

```
a = new String(72);

a = 72+'';

a = 0x48+'';

a = 0110+'';

a = 72.67+'';

a = String(true);
```

Haltbarkeit von Variablen

Variablen erreichen ihr virtuelles Verfallsdatum recht spät – nämlich erst dann, wenn die Seite gewechselt wird. Das bedeutet im Umkehrschluss: Solange das Dokument angezeigt wird, in dem die Variable erzeugt wurde, kann jederzeit auf die Variable zugegriffen werden. Dies hat insbesondere bei der Interaktion mit dem Nutzer eine besondere Bedeutung, da Variablen nicht extra zwischengespeichert werden müssen. Beispielsweise wenn ein Wert errechnet wird und erst dann abgerufen werden soll, wenn der Nutzer eine bestimmte Aktion ausführt, etwa auf einen Link klickt. Beispiel:

```
<script language="JavaScript">
<!-
  var a = 3*7;
//->
</script>
<a href="javascript:alert(a);">Zeig den Wert an!</a>
```

2.4 Operatoren

Operatoren sind sozusagen die Arbeitsgehilfen der Variablen: Sie ermöglichen das Zuweisen von Werten, die Berechnung von Zahlen oder das Aufstellen von Vergleichen. In JavaScript gibt es dazu über 30 Operatoren für die verschiedensten Zwecke.

Arithmetische Operatoren

Die arithmetischen Operatoren entsprechen weitestgehend den gebräuchlichen Operatoren, wie sie auch in der Mathematik verwendet werden:

```
a = 5+1; //Addition
b = 9-3; //Subtraktion
c = 3*2; //Multiplikation
d = 18 / 3; //Division
e = 13 % 7; //Modulo (Rest)
f = 5; f++; //Erst Zuweisung, dann Inkrement (Addition um 1)
g = 7; g--; //Erst Zuweisung, dann Dekrement (Subtraktion um 1)
```

Alle Variablen des obigen Beispiels ergeben 6.

String-Operatoren

Zur Arbeit mit Strings können die Operatoren + und += verwendet werden, um Strings aneinanderzuketten. Beispiel:

```
a = ' Text 1';
b = a + ' Text 2 '; //fügt Text 2 nach Text 1 an
b += ' Text 3 '; // fügt Text 3 nach Text 2 an
```

Vergleichsoperatoren

Vergleichsoperatoren dienen dazu, festzustellen, ob eine Aussage wahr oder falsch ist. Folgende Operatoren stehen hier zur Auswahl:

```
a = 3;
if(a == 3){ /* wenn a gleich 3 …*/ }
if(a != 5){ /* wenn a ungleich 5 … */ }
if(a === 3){ /* wenn a gleich 3 und gleicher Typ …*/ }
if(a !== '5'){ /* wenn a ungleich '5' oder ungleicher Typ …*/ }
if(a > 1){ /* wenn a größer 1 …*/ }
if(a < 5){ /* wenn a kleiner 5 …*/ }
if(a >= 2){ /* wenn a größer oder gleich 2 …*/ }
if(a <= 4){ /* wenn a kleiner oder gleich 2 …*/ }
```

Hinweis

In den Beispielen wird eine Abfrage (if(…){…}) verwendet, die erst in einem der kommenden Kapitel erläutert wird – an dieser Stelle reicht es für uns zu wissen, dass der Computer in diesem Fall prüft, ob der Ausdruck innerhalb der runden Klammern (also zum Beispiel (a == 3)) der Wahrheit entspricht. In dem Beispiel wird also jeweils geprüft, ob die Variable gleich, ungleich, gleich mit gleichem Typ usw. ist.

Logische Operatoren

Logische Operatoren verknüpfen zwei Aussagen. Beispiel:

```
a = 3; b = 4;
if(a == 3 && b == 4)
{ /* wenn (a gleich 3) UND (b gleich 4), dann … */ }
if(a == 5 || b == 4)
{ /* wenn (a gleich 5) ODER (b gleich 4), dann … */ }
if(!(a == 3))
{ /* Wenn a NICHT a gleich 3 ist, dann …*/ }
```

Wie im Beispiel zu sehen ist, erlauben es logische Operatoren also, die zwei Vergleichsaussagen: Aus „a gleich 3" und „b gleich 4" zu einer neuen Aussage „a gleich 3 UND b gleich 4" zu kommen.

Bitweise Operatoren

Bitweise Operatoren berechnen eine bitweise Funktion. D. h., es kann das Bitmuster eines Wertes verändert werden. Beispiel:

```
a = 14; b = 2;
c = a & b; // 2 - bitweises AND
d = a | b; // 14 - bitweises OR
e = ~ b; // -3 - bitweises NOT
f = a ^ b; // 12 - bitweises XOR
g = a << b; // 56 - bitweises Veschieben nach Links um b
h = a >> b; // 3 - bitweises Verschieben nach Rechts um b
i = -a >>> b; /* 1073741820 - bitweises Verschieben nach
Rechts um b ohne Vorzeichen */
```

Bitweise Operationen sind eine relativ komplizierte Sache, da man hier in die Grundmuster der Datenspeicherung eintauchen muss – allerdings werden sie auch vergleichsmäßig selten genutzt. Grundlage dessen ist, dass jede Zahl vom Computer intern nicht als Zahl, sondern als Folge von Nullen und Einsen dargestellt wird. Die Zahl 14 entspricht beispielsweise dem Bitmuster 00001110, die Zahl 2 entspricht 00000010. Mit den bitweisen Operatoren ist es nun möglich, diese Muster zu verschieben bzw. zu kombinieren, wodurch völlig andere Zahlen zustande kommen. Beim bitweisen AND werden etwa die Bitmuster von zwei Zahlen verglichen und daraus ein neues Bitmuster erstellt, bei welchem nur an den Stellen eine 1 steht, an denen beide Zahlen ebenfalls eine 1 stehen haben: Kombiniert man 14 und 2, erhält man das Muster 00000010 (entspricht eben wiederum der 2), da nur an der zweiten Stelle von rechts beide eine 1 besitzen.

Die anderen Operatoren funktionieren ähnlich: OR setzt die 1 an den Stellen, an denen eines von beiden Mustern eine 1 besitzt, NOT setzt die 1 dort, wo vorher eine 0 war, und eine 0, wo vorher eine 1 war, XOR setzt die 1 dort, wo nur eines der beiden Muster eine 1, das andere aber eine 0 hat usw.

Zuweisungsoperatoren

Quasi jeder Operator kann mit einem angehängten = zu einem Zuweisungsoperator werden. Einige Beispiele:

```
a = 3;
a += 3; // entspricht a = a + 3;
a -= 3; // entspricht a = a - 3;
a &= 3; // entspricht a = a & 3;
a <<= 1; // entspricht a = a << 1;
a >>= 1; // entspricht a = a >> 1;
```

Zuweisungsoperatoren sind eine feine Sache, da sie einiges an Schreibaufwand abnehmen und verkürzen können. Die Funktionsweise entspricht dabei genau der Kombination eben der beiden Operatoren (also etwa + und = oder – und = usw.).

Spezielle Operatoren

Darüber hinaus gibt es einige spezielle Operatoren, die kaum etwas mit Mathematik oder Zuweisung zu tun haben. Beispiel:

```
a = new Array(1,2,3,4); //new erstellt ein neues Objekt
if(3 in a){ /* in prüft auf Vorkommen */}
if(a instanceof Array){ /* prüft auf Typ */}
delete a; //löscht die Variable
```

2.5 Funktionen

Funktionen machen vieles einfacher. Sie ermöglichen es, Codeabschnitte zu erstellen und von jedem Punkt innerhalb des Codes aus aufzurufen. Damit ist es möglich, einmal geschriebenen Code immer dann wieder zu verwenden, wenn er benötigt wird, ohne ihn jedes mal neu schreiben zu müssen. Beispiel:

```
function meineFunktion()
{
  a = 3;
  b = 4;
  c = a *b;
  d = c + 25;
  // ... viele weitere Anweisungen ...
}
```

Obiges Beispiel zeigt eine einfache Funktion, die jedoch schon alle Bestandteile einer Funktion aufweist: Eine Funktion wird durch das Wort `function` bestimmt, gefolgt vom selbstgewählten Funktionsnamen (es gelten die gleichen Regeln wie für Variablennamen) und einem Klammernpaar. Daran schließt sich ein Anweisungsblock innerhalb von geschweiften Klammern an – alles, was sich darin befindet, gehört zur Funktion und ist somit ein eigener Codeabschnitt, der mit dem Aufruf der Funktion – und nur dann – ausgeführt wird.

Findet der Computer innerhalb des Codes einen solchen Funktionsabschnitt, wird dieser aufgegriffen, aber noch nicht ausgeführt. Die Funktion ist dann mit ihrem Namen bekannt und verfügbar. Soll der in der Funktion definierte Code an einer bestimmten Stelle im Programmablauf ausgeführt werden, wird an dieser Stelle einfach der Funktionsname, gefolgt von einem Klammernpaar notiert (eben beispielsweise `meineFunktion();`). Der Computer macht im Programmablauf dann sozusagen einen Sprung und führt zunächst den Code der Funktion aus, bevor er wieder zur ursprünglichen Stelle im Code zurück-kehrt. Beispiel:

```
x = 24;
y = x+3;
meineFunktion(); //springt zur Funktion und führt diese aus
z = y*4;
```

Parameter von Funktionen

Parameter dienen dazu, der Funktion bestimmte Werte zu übergeben, mit denen dann etwas berechnet werden kann oder mit denen bestimmte Aktio-nen durchgeführt werden sollen. Für eine Funktion kann dazu eine beliebige Anzahl (auch null) an Parametern definiert werden. Um einen Parameter zu bestimmen, wird bei der Funktionsdefinition innerhalb der Klammern eine kommagetrennte Liste von Variablennamen notiert. Die Namen sind dabei unabhängig von existierenden Variablen und werden exklusiv für diese Funk-tion verwendet. Wird eine Funktion aufgerufen, muss dann die entsprechende Anzahl an Werten, wieder durch Komma getrennt, an die Funktion übergeben werden. Beispiel:

```
function potenz(basis, exponent)
{
  resultat = 1;
  for(i=0; i<exponent; i++)
  {
    resultat *= basis;
  }
  return resultat;
}

a = potenz(3,4); // ergibt 3 hoch 4 = 81
```

Obiges Beispiel zeigt eine einfache Funktion, die zu einer Zahl (basis) die Potenz (exponent) berechnet, also etwa 7^2 oder 24^3 usw. Wird die Funktion nun aufgerufen, werden die übergebenen Werte (hier 3 und 4) in die dafür vorgesehenen Variablen (basis und exponent) geschrieben und der Funktionskörper damit ausgeführt.

Rückgabewerte einer Funktion

Wie aus den vorhergehenden Beispielen schon zu ersehen war, kann jede Funktion einen bestimmten Wert zurückliefern. Um einen bestimmten Wert zurückzugeben, wird die return-Anweisung verwendet. Hinter dieser folgt ein beliebiger Wert oder Ausdruck (auch Berechnungen oder weitere Funktionsaufrufe sind möglich). Gelangt der Computer an diese Anweisung im Code, wird der hinter return stehende Wert gespeichert und die Bearbeitung der Funktion sofort abgebrochen – mögliche danach noch innerhalb des Funktionsblocks definierte Anweisungen werden dann nicht mehr ausgeführt. Beispiel:

```
function quadrat(a)
{
  return a*a;
  a = 37 + 5; //wird nie ausgeführt da bereits return erfolgte
}
ergebnis = quadrat(12);
```

Im obigen Beispiel berechnet die Funktion das Quadrat der übergebenen Zahl und gibt dieses in die Variable ergebnis zurück. Die nach der return-Anweisung stehenden Codezeilen werden in diesem Fall allerdings nie erreicht, da die Funktion bereits vorher beendet wird.

Verhalten von Variablen bei Funktionen

JavaScript behandelt Variablen, die innerhalb einer Funktion notiert werden, ein klein wenig anders als „normale" Variablen. Grundsätzlich ist es so, dass jede Variable, die in JavaScript definiert wird, auch überall im Code wieder abgefragt werden kann. Dieses Verhalten ändert sich, sobald Funktionen ins Spiel kommen: Variablen, die explizit innerhalb einer Funktion deklariert wurden, sind im Gegensatz zu sonstigen Variablen nur innerhalb dieser Funktion gültig. Beispiel:

```
function machwas(c)
{
  var a = 3;
  b = 22;
  c = 33;
  var d = 72;
  e = 33;
}

a = 25; b = 3;
machwas(a);
//a bleibt 25, b wird 22, c und d existieren nicht, e ist 33
```

Das obige Beispiel zeigt im Prinzip alle Fälle, in denen Variablen mit Funktionen in Berührung kommen können. Variablen, die explizit innerhalb der Funktion erstellt werden (mittels var oder als Parameter), besitzen in der Regel auch nur innerhalb der Funktion Gültigkeit. In diesem Fall wird die Variable a also nicht verändert, da der Computer für die Funktion eine zweite Variable a anlegt und hier mit dieser arbeitet. Gleiches gilt für c und d, die beide nur innerhalb der Funktion eine Gültigkeit aufweisen. Variablen, die innerhalb der Funktion ohne var erstellt oder verwendet werden (b und e), sind allerdings auch über die Funktion hinaus gültig. Im Fall von b verwendet der Computer innerhalb der Funktion keine neue Variable, sondern eben die Variable b, die bereits außerhalb der Funktion erstellt wurde.

2.6 Bedingungen und Verzweigungen

Bisher sind alle Programmcodes, die Sie geschrieben haben, immer linear und relativ geradlinig vorausbestimmt – mit Verzweigungen kommt nun etwas

Abwechslung in die Sache: Sie ermöglichen es, einen bestimmten Weg abhängig von einer bestimmten Bedingung einzuschlagen.

if-Abfrage

Die einfachste Form der Verzweigung ist die if-Abfrage. Sie verknüpft einen Teil des Codes mit einer Bedingung. Hierzu schreibt man einfach das Wort if, gefolgt von der in Klammern geschriebenen Bedingung. Ist diese Bedingung erfüllt, wird die nach diesem Konstrukt folgende Anweisung bzw. der danach folgende Anweisungsblock ausgeführt – andernfalls wird er einfach ignoriert und übergangen. Beispiel:

```
function maximum(a,b)
{
  if(a > b) return a;
  return b;
}
ergebnis = maximum(13,28);
```

Die oben stehende Funktion prüft, welche von zwei übergebenen Zahlen die größere ist, und gibt diese zurück. Um dies umzusetzen, wird eine einfache if-Abfrage verwendet: Ist a größer als b (das ist die Bedingung), wird der dahinter stehende Anweisungsblock ausgeführt, a zurückgegeben und die Funktion beendet. Trifft diese Bedingung nicht zu, wird dieser Schritt einfach übersprungen und stattdessen b zurückgegeben.

Dabei können Abfragen auch jederzeit verschachtelt werden, um so etwa Nebenbedingungen einzurichten:

```
function maximum (a, b, c)
{
  if(a > b)
  {
```

```
   if(a > c) return a;
   return c;
 }
 if(b > c) return b;
 return c
}
ergebnis = maximum(13,28,5);
```

In diesem Beispiel wird die Verschachtelung der if-Blöcke dazu verwendet, das Maximum aus drei Zahlen zu ziehen.

if-else-Abfrage

Etwas weiter geht die if-else-Abfrage. Sie fügt der Bedingung noch eine Alternative hinzu: Wenn die Bedingung der if-Abfrage erfüllt ist, wird weiterhin ganz normal der damit verknüpfte Teil ausgeführt. Ist die Bedingung allerdings nicht erfüllt (und nur dann), wird stattdessen der mit else verknüpfte Teil ausgeführt. Beispiel:

```
function maximum(a,b,c)
{
 rueckgabe = a;
 if(b > a)
 {
   if(b > c){rueckgabe = b;}
   else{rueckgabe = c;}
 }
 else
 {
   if(c > a){rueckgabe = c;}
 }
 return rueckgabe;
}
ergebnis = maximum(13,28,5);
```

Konditionalabfrage

Die Konditionalabfrage ist sozusagen die Kurzschreibweise einer if-else-Abfrage. Ebenso wie diese liefert sie an eine Bedingung geknüpft die eine bzw. die andere Anweisung, ist jedoch wesentlich kürzer zu schreiben. Beispiel:

```
s = 'Hans ist ' + ( istMann() ? 'ein Mann' : 'eine Frau' );
```

Wie im Beispiel zu sehen, ist die Konditionalabfrage recht einfach strukturiert: Als Erstes notiert man die Bedingung, gefolgt von einem Fragezeigen und den bei true und false verknüpften Anweisungen, welche wiederum durch einen Doppelpunkt voneinander getrennt werden. Ist die vor dem Fragezeichen notierte Bedingung wahr (true), wird der direkt danach stehende Teil ausgeführt – ist sie unwahr (false), wird der nach dem Doppelpunkt stehende Teil ausgeführt

switch-Abfrage

Die switch-Abfrage dient dazu, den Schreibaufwand bei der Abfrage von mehreren Möglichkeiten zu verringern. Sie ermöglicht es, eine Variable abzufragen und für quasi beliebig viele mögliche Werte dieser Variablen Anweisungen zu definieren. Je nach tatsächlich vorhandenem Wert der Variablen wird/werden dann die dazu definierte(n) Anweisung(en) ausgeführt. Beispiel:

```
eingabe = prompt('Bitte deine Schulnote eingeben:','1');
switch(eingabe)
{
  case '1': alert('Sehr gut'); break;
  case '2': alert('Gut'); break;
  case '3': alert('Befriedigend'); break;
  case '4': alert('Ausreichend'); break;
  case '5': alert('Mangelhaft'); break;
  case '6': alert('Ungenügend'); break;
  default: alert('Diese Note gibt es nicht!'); break;
}
```

Nach dem Wort `switch` folgt in Klammern die Variable, die untersucht werden soll. Anschließend folgen in geschweiften Klammern die möglichen Fälle, auf die reagiert werden soll. Jeder Fall wird dabei mit dem Wort `case`, gefolgt vom jeweiligen Wert sowie einem Doppelpunkt begonnen. An diesen schließen sich die auszuführenden Anweisungen an, die mit einer `break`-Anweisung abgeschlossen werden. Die Funktionsweise der `switch`-Abfrage ist dabei recht einfach: Es wird die Variable untersucht und der Fall ausgeführt, der mit der Variablen übereinstimmt (gleicher Wert und gleicher Typ). Zusätzlich kann als weiterer Fall sozusagen ein Standardwert notiert werden (`default:`) – die dort notierten Anweisungen werden in dem Fall immer dann ausgeführt, wenn keiner der definierten Fälle zutraf.

2.7 Schleifen

In vielen Programmen ist es nötig, dass bestimmte Teile mehrmals wiederholt werden, etwa weil Tabellen Zeile für Zeile durchsucht oder andere Wiederholungen durchgeführt werden müssen. Da hierbei oftmals die Anzahl der Wiederholungen im Vorhinein nicht feststeht und damit nicht einfach der entsprechende Codeabschnitt mehrmals in den Quelltext kopiert werden kann, nutzt man Schleifen.

for-Schleife

Die `for`-Schleife kommt wahrscheinlich in den meisten Fällen vor, in denen es um Wiederholungen geht. Sie ermöglicht es, einen Codeabschnitt beliebig oft zu wiederholen. Schauen wir uns dazu das folgende Beispiel an:

```
function potenz(basis, exponent)
{
  resultat = 1;
  for(i=0; i<exponent; i++)
  {
```

```
  resultat *= basis;
  }
  return resultat;
}


a = potenz(3,4); // ergibt 3 hoch 4 = 81
```

Das Beispiel zeigt eine Funktion mit einer einfachen for-Schleife. Nach dem Wort for folgt in Klammern die Definition der Schleife sowie anschließend der Schleifenkörper – also der Teil, der wiederholt werden soll. Die Schleifendefinition besteht hierbei aus drei durch Semikola getrennten Teilen:

- Setzen des Anfangswerts. Im Beispiel wird i auf 0 gesetzt.
- Abbruchbedingung. Diese Anweisung wird vor jedem Schleifendurchlauf geprüft: Ist sie true, wird die Schleife ein weiteres Mal durchlaufen – ist sie false, wird die Schleife nicht noch einmal durchlaufen und der folgende Code ausgeführt.
- Inkrementanweisung. Sie wird nach jedem Schleifendurchlauf aufgerufen und allgemein dazu verwendet, den Zähler (hier i) zu erhöhen. Natürlich kann an dieser Stelle aber auch der Zähler subtrahiert werden oder etwas anderes geschehen.

Der Ablauf der im Beispiel gezeigten Schleife lässt sich also mit Worten wie folgt ausdrücken:

Setze i auf 0 und prüfe, ob i kleiner als exponent ist. Ist dies der Fall, führe den Schleifenkörper aus und erhöhe i um 1. Prüfe erneut, ob i kleiner als exponent. Wiederhole diesen Vorgang, bis die Prüfung i größer oder gleich exponent ergibt.

for-in-Schleife

Die for-in Schleife ist eine Sonderform der for-Schleife. Hierbei wird statt der drei Teile in der Schleifendefinition nur ein Teil notiert:

```
s = '';
for(i in navigator)
{
  s += i+': '+navigator[i]+'\n';
}
alert(s);
```

Die Schleifendefinition enthält hier eine Laufvariable, das Wort in sowie die Variable oder das Objekt, das durchlaufen werden soll. Vor jedem Schleifendurchlauf wird der Laufvariablen (i) dann der Name bzw. Index einer Eigenschaft des Objekts übergeben. Die Eigenschafen des Objekts (hier navigator, es enthält Informationen über den vom User eingesetzten Browser) werden so durchlaufen und können nacheinander abgefragt werden. Als Resultat des obigen Beispiels bekommt der Nutzer eine Liste der über den eingesetzten Browser verfügbaren Informationen anzeigt.

Hinweis

Die Verwendung von Objekten und Eigenschaften werden wir später noch genauer erläutern.

while-Schleife

Die while-Schleife ist im Gegensatz zur for-Schleife an keine eindeutige Anzahl an Durchläufen gebunden. Vielmehr ähnelt sie einer Endlosschleife, die in regelmäßigen Abständen prüft, ob sie beendet werden kann. Hierbei wird das Wort while, gefolgt von der in Klammern stehenden Abbruchbedingung und dem Schleifenkörper notiert. Vor jedem Durchlauf wird die Abbruchbedingung dann vom Computer geprüft und der Schleifenkörper so oft ausgeführt, bis sie nicht true ergibt. Beispiel:

```
eingabe = '';
while(eingabe != 'passwort123' && eingabe != null)
{
  eingabe = prompt('Bitte geben Sie das Passwort ein!','');
}
if(eingabe == 'passwort123')
{
  alert('Du hast das korrekte Passwort eingegeben.');
}
```

Das Beispiel zeigt eine sehr einfache Form der Passwortabfrage: Die while-Schleife wird hierbei so lange durchlaufen, bis die Eingabe des Nutzers gleich dem definierten Passwort ist oder er auf *Abbrechen* gedrückt hat (in diesem Fall ist der Wert von eingabe gleich null). Stimmt die Eingabe nicht mit dem Passwort oder null überein, erscheint erneut die Frage nach dem richtigen Passwort, da die Abbruchbedingung noch nicht true ist.

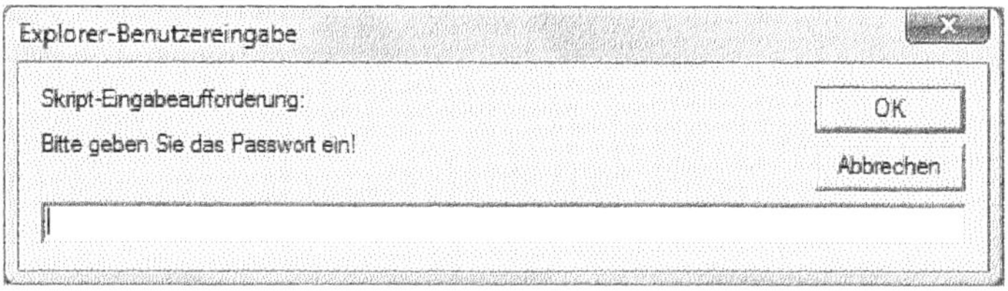

Abbildung 14 ~ Das Passwort-Fenster wird angezeigt.

do-while-Schleife

Die do-while-Schleife entspricht weitestgehend der while-Schleife, nur mit dem Unterschied, dass zuerst der Schleifenkörper durchlaufen und erst dann die Abbruchbedingung geprüft wird. Das Beispiel aus dem obigen Abschnitt müsste mit einer do-while-Schleife dann so aussehen:

```
eingabe = '';
do
{
  eingabe = prompt('Bitte geben Sie das Passwort ein!','');
}
while(eingabe != 'passwort123' && eingabe != null)

if(eingabe == 'passwort123')
{
  alert('Du hast das korrekte Passwort eingegeben.');
}
```

Wie hier zu sehen ist, wird der Schleifenkörper mit dem Wort do und die Abbruchbedingung mit dem Wort while eingeleitet – alles Weitere entspricht neben der umgekehrten Reihenfolge einer normalen while-Schleife.

Schleifenkontrolle

Innerhalb jeder Schleife können zur vorzeitigen Beendigung der Schleife bzw. des Schleifendurchlaufs die Anweisungen break und continue verwendet werden. Tritt die break-Anweisung innerhalb einer Schleife auf, wird der Schleifenkörper ab dieser Stelle abgebrochen, die innerhalb der Schleife nachfolgenden Anweisungen werden ignoriert und die Schleife wird insgesamt beendet – unabhängig davon, ob das Ziel erreicht wurde oder wie die Abbruchbedingung der Schleife lautet. Wird innerhalb einer Schleife die continue-Anweisung aufgerufen, wird ab dieser Stelle der Schleifenkörper abgebrochen und der Schleifendurchlauf mit der nächsten Runde durchgeführt. Im Falle einer for- oder for-in-Schleife wird dann die Inkrementanweisung ausgeführt bzw. die Laufvariable auf die nächste Eigenschaft verschoben – also letztlich so, als ob die Schleife normal durchlaufen worden wäre. Beispiel:

```
eingabe = '';
while(eingabe != 'passwort123')
{
```

```
eingabe = prompt('Bitte geben Sie das Passwort ein!','');
if(eingabe == null){break;}
}
if(eingabe == 'passwort123')
{
  alert('Du hast das korrekte Passwort eingegeben.');
}
```

Das Beispiel entspricht dem Beispiel aus den Abschnitten zur while- bzw. do-while-Schleife mit einer geänderten Abbruchbedingung.

Label

Immer dann, wenn mehrere Schleifen ineinander verschachtelt sind, können die break- und continue-Anweisungen durch Label erweitert werden. Mit diesen ist es möglich, explizit zu bestimmen, welche der verschachtelten Schleifen an dieser Stelle beendet sein soll. Um ein Label zu verwenden, wird einfach ein selbstgewählter, aber eindeutiger Name zusammen mit einem Doppelpunkt vor die Schleife gestellt. Bei einer break- bzw. continue-Anweisung kann dieser Name dann nach der Anweisung selbst notiert werden, um dem Computer so mitzuteilen, welche der verschachtelten Schleifen hier beendet werden soll. Beispiel:

```
SchleifeAussen:
for(i=0; i<10; i++)
{
  SchleifeInnen:
  for(j=0; j<10; j++)
  {
  // beide Schleifen abbrechen:
  break SchleifeAussen;
  }
}
```

Das Beispiel zeigt zwei ineinander verschachtelte Schleifen, die jeweils mit einem Label (SchleifeAussen und SchleifeInnen) versehen wurden. Mit der break-Anweisung, gefolgt vom Namen der äußeren Schleife kann dann innerhalb der verschachtelten Schleife nicht nur diese, sondern gleichzeitig auch die äußere Schleife abgebrochen werden.

2.8 Ereignisse

Da JavaScript oftmals in Interaktion mit dem Nutzer eingesetzt wird, ist ein wichtiger Bestandteil der Sprache das Reagieren auf bestimmte Ereignisse, die durch den Nutzer hervorgerufen werden. Zu diesen Ereignissen zählt etwa das Überfahren eines Elements mit der Maus, das Absenden eines Formulars oder einfach der Klick auf einen Link.

Ereignisse in HTML definieren

In HTML ist für jedes wichtige Ereignis vorgesorgt, und so besitzt quasi jedes relevante Element ein entsprechendes Attribut, mit dessen Hilfe sich ein Java-Script-Ereignis auslösen und behandeln lässt. Als Wert für das jeweilige Attribut wird dann einfach ein JavaScript-Funktionsaufruf oder beliebiger anderer JavaScript-Code notiert. Beispiel:

```
<img id="meinbild" onmouseover="alert('Maus über dem Bild!')"
      src="logo.jpg" width="52" height="55" border="0" alt="">
```

Das Beispiel zeigt ein normales Bild in HTML, welches das Attribut onmouseover bekommen hat. Als Wert des Attributs findet sich nun Java-Script-Code, der bewirkt, dass ein Meldungsfenster erscheint, sobald sich die Maus über das Bild bewegt.

Abbildung 15 ~ Kaum ist die Maus über dem Bild, kommt auch schon die Meldung.

Ereignis-Scripts

Einen besonderen Weg in der Ereignisbehandlung geht Microsofts Internet Explorer. Er ermöglicht es, einen script-Bereich zu definieren und diesem explizit ein Ereignis zuzuweisen. Der gesamte in diesem Bereich vorkommende Code wird dann erst ausgeführt, wenn das Ereignis eingetreten ist. Das vorangegangene Beispiel könnte in dieser Schreibweise dann so aussehen:

```
<script for="mcinbild" event="onmouseover">
<!-
  alert('Maus über dem Bild!');
//->
</script>
```

Das Attribut for bestimmt hier das Objekt bzw. Element, mit dem das Ereignis verknüpft sein soll – in diesem Beispiel das Element mit der ID (id="...") meinbild. Das event-Attribut bestimmt außerdem, welches Ereignis gemeint ist.

Welche Ereignisse gibt es?

In HTML gibt es etwas mehr als 20 Ereignisse und mit diesen entsprechende Attribute, die je nach HTML-Element eingesetzt werden können. Die wichtigsten sind:

onClick / onDblClick
Können bei fast allen Elementen angewendet werden und treten dann ein, wenn der User mit der Maus darauf klickt bzw. einen Doppelklick ausführt.

onSubmit / onReset
Können nur bei Formularen (<form>) eingesetzt werden und treten dann ein, wenn das Formular abgeschickt bzw. zurückgesetzt wird.

onChange / onSelect / onFocus / onBlur
Können bei Formularfeldern (input, textarea, select) eingesetzt werden. Sie treten ein, sobald etwas verändert wurde, sich die Cursorposition bzw. Auswahl ändert, das Element den Fokus (Eingabemöglichkeit) erhält bzw. verliert.

onKeyDown / onKeyUp / onKeyPress
Können bei fast allen Elementen eingesetzt werden und signalisieren das Drücken einer Taste, das Loslassen einer Taste bzw. den Tastendruck insgesamt (Drücken + Loslassen).

onMouseUp / onMouseDown
Entspricht onKeyUp und onKeyDown mit dem Unterschied, dass hiermit nicht Tasten auf der Tastatur, sondern auf der Maus gemeint sind.

OnMouseOver / onMouseMove / onMouseOut

Können bei fast allen Elementen eingesetzt werden und treten dann ein, wenn sich die Maus erstmalig über das Element bewegt, über dem Element bewegt bzw. aus dem Element hinaus bewegt.

onLoad / onUnload

Können nur bei Fenstern (body, frameset) verwendet werden und treten dann ein, wenn das Dokument geladen wurde bzw. entladen (bedeutet meistens geschlossen) wird.

Rückmeldung auf Ereignisse geben

In einigen Fällen ist es notwendig, mittels JavaScript dem Browser eine Rückmeldung zu geben, ob ein eben eingetretenes Ereignis auch in Ordnung ist oder gegebenenfalls abgebrochen werden soll. Bestes Beispiel hierfür ist die Überprüfung von Formularen beim Absenden: Ist das Formular nicht vollständig oder falsch ausgefüllt, kann dies mittels JavaScript geprüft und das Absenden des Formulars verhindert werden. Beispiel:

```
<script type="text/javascript" language="JavaScript">
<!-
  function checkForm()
  {
    // ... prüfen, ob das Formular vollständig ausgefüllt ist
    if(korrekt == true){ return true; }
    else{ return false; }
  }
//->
</script>
<form action="seite2.php" method="POST"
      onsubmit="return checkForm()">
  ...
</form>
```

Wurde zu einem Ereignis ein bestimmter JavaScript-Code definiert, wird dieser vom Browser zunächst vollständig ausgeführt und erst dann mit dem Ereignis fortgefahren. Dies birgt die Möglichkeit, dem Browser mittels eines Rückgabewerts mitzuteilen, ob das Ereignis abzubrechen ist oder ob es normal weiter bearbeitet werden soll. In obigem Beispiel wurde dies bereits beispielhaft umgesetzt:

Wird das Formular abgeschickt, führt der Browser den JavaScript-Code innerhalb des onsubmit-Attributs aus und mit ihm die Funktion checkForm(). Diese Funktion kann nun prüfen, ob das Formular korrekt und vollständig gefüllt wurde, und gibt dann entweder true (Formular ist korrekt) oder false (es gibt Fehler im Formular) zurück. Der von der Funktion ermittelte Wert wird wiederum per return an das Ereignis (direkt im Attribut) zurückgegeben und gestoppt (bei false) bzw. fortgesetzt (bei true).

Ereignisse in JavaScript

Neben der Möglichkeit, Ereignisse in HTML zu definieren, können diese auch per JavaScript direkt definiert werden. Hierzu weist man ähnlich wie in HTML der Eigenschaft des jeweiligen Objekts eine Funktion zu, die dann ausgeführt werden soll, wenn das Ereignis eintritt. Beispiel:

```
<html>
<head>
...
<script type="text/javascript" language="JavaScript">
<!-
function machwas()
{
 alert('Seite ist fertig geladen');
}
window.onload = machwas;
//->
```

```
</script>
</head>
<body >
...
</body>
</html>
```

Wichtig dabei ist, wie im Beispiel zu sehen, dass nicht der Funktionsaufruf, sondern die Funktionsvariable zugewiesen wird. Statt machwas() wird also nur machwas notiert. Ebenfalls wichtig: Alle Ereignisse sollten klein geschrieben werden (also onclick statt onClick).

Hinweis

Das im Beispiel verwendete Objekt window ermöglicht den Zugriff auf das Fenster, in dem das Skript ausgeführt wird. Die Eigenschaft onload dieses Objekts entspricht dem onload-Attribut des body-Elements in HTML und wird aufgerufen, sobald das Fenster komplett geladen wurde.

2.9 Objekte

Objekte sind sozusagen eine erweiterte Form der Variablen. Sie speichern nicht nur einen Wert, sondern bestehen gleich aus einer ganzen Reihe von Eigenschaften. Darüber hinaus können Objekte mit sogenannten Methoden ausgestattet werden. Dabei handelt es sich um eine Funktion, die das jeweilige Objekt durchführen kann. JavaScript stellt hierbei bereits vordefinierte Objekte als eine Art Bibliothek zur Verfügung, ermöglicht es aber auch, eigene Objekte zu erstellen. Beispiel:

```
document.title = 'Neuer Titel mit JavaScript';
document.write('Textausgabe mit JavaScript');
```

Das Beispiel zeigt die Verwendung des document-Objekts. Es wird von Java-Script automatisch zur Verfügung gestellt und enthält Eigenschaften und Methoden rund um das vom Browser angezeigte Dokument – also etwa eine Eigenschaft title, mit welcher der Titel des Dokuments gelesen und geändert werden kann, und die Methode write, mit der Text in die Dokumentanzeige geschrieben werden kann.

Wie aus dem Beispiel ersichtlich, wird jedes Objekt, ebenso wie eine Variable, über seinen Namen angesprochen. Eigenschaften und Methoden, aber auch Unterobjekte werden dann mittels Punkt getrennt an den Objektnamen notiert. Dabei können durchaus auch mehrere Unterobjekte erscheinen. Beispiel:

```
window.document.meinFormular.meinInput.value = 'neuer Wert';
```

Hier wird vom Fenster (window-Objekt) aus zunächst auf das im Fenster angezeigte Dokument (document-Objekt), dann vom Dokument auf ein darin enthaltenes Formular (meinFormular-Objekt), dann auf ein im Formular enthaltenes Eingabefeld (meinInput-Objekt) und schließlich auf dessen value-Eigenschaft (definiert den angezeigten Wert des Eingabefeldes) zugegriffen.

Objekte und Variablen

Wie eingangs erwähnt, sind Objekte in gewisser Weise nichts anderes als Variablen. Aus diesem Grund lassen sich auch Objekte direkt in Variablen speichern. Möchte man etwa öfter auf das Eingabefeld aus dem vorangegangenen Beispiel zugreifen, ohne sich dazu jedes Mal erst wieder vom Fenster über das Dokument und Formular zu diesem vorzuhangeln, kann das gesamte Objekt einfach in einer Variablen gespeichert werden. Beispiel:

```
feld = window.document.meinFormular.meinInput;
feld.value = 'neuer Wert';
feld.style.color = 'red';
```

Wie das Beispiel zeigt, wird anstelle nur eines Wertes gleich das komplette Objekt in der Variablen feld gespeichert. Anschließend kann ganz einfach auf die Eigenschaften oder Unterobjekte (hier das style-Objekt, welches die CSS-Definitionen des Elements bedient) zugegriffen werden. Im Beispiel wird also der angezeigte Text des Feldes in „neuer Wert" geändert sowie die Farbe des Textes auf Rot gestellt.

Einfache Objekte

In JavaScript können Objekte auf eine einfache und auf eine etwas komplexere Art und Weise erzeugt werden. Die einfache Schreibweise besteht darin, innerhalb von geschweiften Klammern einfach alle Eigenschaften mit dazugehörigen Werten zu notieren. Eigenschaft und Wert werden dabei durch einen Doppelpunkt und Eigenschaften untereinander durch Kommata voneinander getrennt. Das Ganze wird einfach einer Variablen zugewiesen, und schon hat man sein Objekt. Beispiel:

```
koordinaten = { x:13, y:14 }
alert(koordinaten.x)
```

Im Zusammenhang mit Ajax ist diese Schreibweise von besonderer Bedeutung, da hiermit deutlich einfacher ein Objekt erzeugt werden kann. Wie das genau funktioniert, erfahren Sie im Kapitel 6.4 „Andere Formen von Ajax".

Komplexe Objekte

Um komplexere eigene Objekte verwenden zu können, muss man für diese zunächst einen „Bauplan" festlegen, damit der Computer genau weiß, was er da beim Erstellen eines neuen Objekts zu tun hat. Diese Baupläne werden in Form von Funktionen notiert und weisen dem zukünftigen Objekt die gewünschten Eigenschaften und Methoden zu. Ein einfaches Beispiel könnte so aussehen:

```
function Person(v,n,d,m,y)
{
  this.Vorname = v;
  this.Name = n;
  this.Geburtstag = new Date();
  this.Geburtstag.setDate(d);
  this.Geburtstag.setMonth(d);
  this.Geburtstag.setYear(y);
  this.BekommeAlter = function ()
  {
    now = new Date();
    y1 = now.getFullYear();
    y2 = this.Geburtstag.getFullYear();
    diff = y1-y2;
    if(now.getMonth() < this.Geburtstag.getMonth() ||
       (
         now.getMonth() == this.Geburtstag.getMonth() &&
         now.getDate() < this.Geburtstag.getDate()
       )
      ){diff-;}
    return diff;
  }
}
```

Hier handelt es sich um eine relativ normale Funktion, mit dem einzigen Unterschied, dass hier mittels this die Eigenschaften und Methoden eines Objekts definiert werden. Das Objekt heißt in diesem Beispiel also Person und besitzt die Eigenschaften Vorname, Name und Geburtstag sowie die Methode BekommeAlter. Um dem Objekt eine neue Eigenschaft hinzuzufügen, wird ähnlich wie bei einer Variablen einfach nach this. der Name der neuen Eigenschaft notiert. Das Wort this kann dabei innerhalb jeder Funktion verwendet werden, die sich innerhalb des „Objektbauplans" befindet – d. h. also in der Funktion zur Erstellung selbst, aber auch in Methoden, die dem Objekt zugeordnet sind.

Objekte verwenden

Nachdem der Bauplan für das Objekt feststeht, kann es in die Praxis umgesetzt werden – d. h., es kann aus dem Bauplan heraus eine Variable erzeugt werden. Dies geschieht mit dem kleinen Wörtchen new, indem der Variablen eine neue Instanz des Objekts zugewiesen wird. Beispiel:

```
p1 = new Person('Heinz','Rühmann',7,3,1902);
p2 = new Person('Bruno','Ganz',22,3,1941);
a = p1.bekommeAlter()-p2.bekommeAlter();
alert(p1.Name+' wäre heute: '+p1.bekommeAlter()+' Jahre\n'+
      p2.Name+' wäre heute: '+p2.bekommeAlter()+' Jahre\n'+
      'Beide sind '+a+' Jahre auseinander');
```

Der Aufruf von new bewirkt in diesem Fall also, dass die Funktion nicht einfach nur ausgeführt wird, sondern das Resultat als Objekt zurückgegeben wird. Im Beispiel werden damit die zwei Objekte p1 und p2 erstellt, die jeweils den „Typ" Person haben und damit entsprechend auch die Eigenschaften und Methoden besitzen.

Unterobjekte

Soll ein Objekt über weitere Unterobjekte verfügen, können diese ganz einfach wie eine Eigenschaft erstellt werden. D. h., man erstellt im Objektbauplan einfach einen Aufruf mit new für das benötigte Unterobjekt. Beispiel:

```
function Adresse(s,p,o,l)
{
  this.Strasse = s;
  this.PLZ = p;
  this.Ort = o;
  this.Land = l;
}

function Person(v,n,d,m,y,s,p,o,l)
{
```

```
this.Vorname = v;
this.Name = n;
this.Anschrift = new Adresse(s,p,o,l);
...
}
p = new Person('Hans','Hase',7,5,1994,
               'Hauptstr. 4','10119','Berlin','D');
p.Name = 'Mustermann';
p.Anschrift.Strasse = 'Bahnhofstr. 13';
```

Vererbung von Objekten

Vererbung kann immer dann zum Einsatz kommen, wenn gleiche Objekteigen-schaften und Methoden bei verschiedenen Objekttypen verwendet werden sollen, man diese aber nicht für jedes Objekt erneut programmieren möchte. Klassisches Beispiel hierfür, das gern in Informatik-Kursen gelehrt wird, ist eine Personenverwaltung einer Schule, in der Schüler und Lehrer gespeichert wer-den. Da die Eigenschaften einer Person sowohl in den Objekten für Schüler als auch für Lehrer benötigt werden, zugleich aber Schüler und Lehrer weitere Eigenschaften und Methoden besitzen, die sich unterscheiden, verwendet man hier Vererbung. Schauen wir uns dazu das folgende Beispiel an:

```
function Person(v,n)
{
  this.Vorname = v;
  this.Name = n;
}

function Schueler(v,n,k)
{
  this.constructor(v,n);
  this.Klasse = k;
}
Schueler.prototype = new Person();
```

```
function Lehrer(v,n,f)
{
  this.constructor(v,n);
  this.Fach = f;
}
Lehrer.prototype = new Person();

p1 = new Schueler('Klaus','Kleber','7d');
p2 = new Schueler('Max','Mustermann','Informatik');
alert(p1.Name+' ist in Klasse '+p1.Klasse);
alert(p2.Name+' unterrichtet '+p2.Klasse);
```

In diesem Fall wurden drei Objekttypen erzeugt, die jeweils voneinander erben: Das Objekt Person speichert alle Eigenschaften, die jede Person (also Schüler wie Lehrer) besitzt, etwa den Namen. Das Objekt Schueler speichert die Eigenschaften, die nur Schüler besitzen, und erbt zusätzlich die Eigenschaften, die eine Person besitzt. Gleiches beim Objekt Lehrer: Es speichert nur die Eigenschaften, die für Lehrer wichtig sind, und erbt wiederum von Person. Schüler und Lehrer besitzen damit beide einen Namen, aber nur Schüler eine Klasse und nur Lehrer ein Fach.

Prototype und Constructor

Die für die Vererbung wichtigen Dinge sind die prototype-Eigenschaft und die constructor-Methode, die grundsätzlich jedes Objekt besitzt (auch eigene Objekte besitzen diese automatisch). Die Eigenschaft prototype ermöglicht es, einem Objekt nachträglich Eigenschaften und Methoden hinzuzufügen oder – wie im Falle der Vererbung – nachträglich festzulegen, dass z. B. ein Schueler auch eine Person ist.

In diesem Zusammenhang ebenfalls wichtig ist die Verwendung der constructor-Methode. Sie gibt eine Referenz auf den Constructor – also auf die Funktion, die den Bauplan des Objekts definiert. Zur Verdeutlichung noch einmal das Schueler-Objekt:

```
...
function Schueler(v,n,k)
{
  this.constructor(v,n);
  this.Klasse = k;
}
Schueler.prototype = new Person();
...
p1 = new Schueler('Klaus','Kleber','7d');
```

Hier wird der Code zunächst vom Computer analysiert, dabei die Funktion Schueler entdeckt und als Bauplan abgespeichert. Mit der Zuweisung als Prototyp Person wird anschließend die Funktion Person ausgeführt und dem Schueler-Bauplan hinzugefügt. Wird dann das Schueler-Objekt erstellt (letzte Zeile), besitzt es bereits die Eigenschaften und Methoden einer Person (wurde ja bereits ausgeführt) und wird nun durch die Eigenschaften und Methoden erweitert, die im Schueler-Bauplan definiert werden. Der Aufruf des Constructors hat hier den Nutzen, die Eigenschaften Name und Vorname mit Werten zu füllen – er ruft also letztlich wiederum die Funktion Person auf und setzt die Eigenschaften auf die übergebenen Werte, da diese sonst leer bzw. besser gesagt undefined wären.

2.10 Verarbeitung

Neben Funktionen, Abfragen und Schleifen gibt es einige Anweisungen und Strukturen, die besondere Fähigkeiten bereitstellen.

with-Anweisung

Die with-Anweisung dient dazu, lästige Schreibarbeit zu verkürzen. Hierzu wird anschließend an das Wort with innerhalb von Klammern ein Objekt notiert, mit dem gearbeitet werden soll. Im folgenden Anweisungsblock wird dann automatisch auf dieses Objekt zurückgegriffen – selbst dann, wenn es nicht explizit notiert wird. Beispiel:

```
<form action="..." name="meinFormular"
      onsubmit="return pruefeFormular()" >
 ...
 E-Mail: <input type="Text" name="emailfeld" value=""><br>
 <input type="Submit" value="Absenden">
 ...
</form>
<script language="JavaScript">
<!-
function pruefeFormular()
{
 with(document.meinFormular.emailfeld)
 {
  if(value == '')
  {
   alert('Bitte E-Mail eingeben!');
   style.backgroundColor = '#FFDF00';
   focus();
   return false;
  }
 }
 return true;
}
//->
</script>
```

Die im Beispiel verwendete value-Eigenschaft (bestimmt den Text eines Textfeldes) bezieht sich durch die Verwendung von with nun auf eben dieses Objekt (Eingabefeld für die E-Mail-Adresse). Gleiches gilt für das Unterobjekt style (Gruppe von CSS-Eigenschaften) mit der Eigenschaft backgroundColor

(Hintergrundfarbe) sowie für die Methode focus() (setzt den Eingabefokus auf das Objekt).

this-Anweisung

Im Zusammenhang mit der Erstellung von Objekten ist die this-Anweisung ja bereits bekannt. Allerdings kann sie auch in anderen Situationen eingesetzt werden, nämlich immer dann, wenn es darum geht, sich auf ein Objekt zu beziehen. Dies kann z. B. bei der Verwendung von HTML-Events der Fall sein. Beispiel:

```
<input type="Button" name="Knopf" onClick="alert(this.name)"
value="Klick mich!">
```

Im Beispiel bezieht sich this auf das Objekt, bei dem das Event (onClick) ausgelöst wird – also den Button, auf den geklickt wird.

try-catch-finally-Anweisung

Bei der try-catch-finally-Anweisung handelt es sich um eine Möglichkeit, auftretende Fehler abzufangen, ohne dass eine Fehlermeldung ausgelöst wird. Dazu wird um die betreffende Anweisung bzw. die Anweisungen ein try-Block gesetzt. Tritt innerhalb dieses Blocks ein Fehler auf, wird die Abarbeitung der Anweisungen an dieser Stelle abgebrochen und der Block verlassen (vgl. break-Anweisung in Schleifen), ohne dass dabei eine Fehlermeldung angezeigt wird, wie es sonst der Fall ist. Anschließend wird nach dem try-Block die Ausführung der danach folgenden Anweisungen fortgesetzt. Beispiel:

```
try
{
  Alert('Ich bin ein Fehler');
}
```

```
catch(e)
{
  // ...
}
```

Wie im Beispiel zu sehen ist, muss dem `try`-Block ein `catch`-Block folgen (selbst wenn dieser leer ist). Der `catch`-Block dient dazu, die Fehlerbehandlung selbst durchführen zu können, und wird nur dann ausgeführt, wenn auch wirklich ein Fehler eingetreten ist. Jeder `catch`-Block beginnt dabei mit dem Wort `catch` gefolgt von der `catch`-Anweisung in Klammern. Innerhalb der Klammern ist Folgendes möglich:

- Es wird eine beliebige Variable notiert. Dieser Variablen wird, bei Eintritt eines Fehlers, der Fehler übergeben und kann abgefragt werden.
- Es wird eine beliebige Variable notiert sowie das Wort `if` und eine Bedingung. Tritt ein Fehler ein, wird der Variablen nur dann der Fehler übergeben, wenn die Bedingung erfüllt ist. Ebenso wird/werden auch dann nur die anschließende/n Anweisung/en ausgeführt. Es können dabei mehrere `catch`-Blöcke aufeinander folgen, damit mehrere Bedingungen durchlaufen werden können.

Bitte beachten Sie, dass diese Variante nur in JavaScript möglich ist – JScript (Internet Explorer) unterstützt dies nicht.

```
try
{
  a = 3;
  a.b.c();
}
```

```
//nur JavaScript:
catch(a if a instanceof TypeError)
{alert('Ein Typ-Fehler!');}

catch(a)
{alert('Ein Fehler, jedoch kein Typ-Fehler!');}

finally
{alert('Abgeschlossen');}
```

Letztlich kann noch ein finally-Block folgen. Innerhalb des Blocks können alle Anweisungen stehen, die immer ausgeführt sollen – egal, aus welchem Grund der try-Block verlassen wurde. Da dieser Block in den meisten Fällen keine praktische Relevanz hat, kann er auch weggelassen werden. Andererseits ist er immer dann nützlich, wenn etwa der try-Block wegen einer return-Anweisung verlassen wurde (in diesem Fall wird eben auch der finally-Block noch ausgeführt, bevor die Funktion beendet wird). Beispiel:

```
function meineFunktion()
{
 try
 {
  // ... viele wichtige Sachen machen ...
  if(schonFertig == true){ return ; }
  // ... noch mehr wichtige Sachen ...
 }

 catch(a)
 {
  // Fehler behandeln ...
 }
```

```
finally
{
  // noch schnell alles aufräumen ...
}
}
```

throw-Anweisung

Die throw-Anweisung tut genau das, was mit dem try-Block verhindert werden soll: Sie löst einen Fehler aus. Damit kann die Fehlerkontrolle in den eigenen Skripts effektiver selbst betrieben werden. Aus diesem Grund kann die throw-Anweisung auch nur innerhalb eines try-Blocks verwendet werden. Beispiel:

```
a = 2;
try
{
  if(a < 3){ throw 'Variable a ist zu klein.'; }
  if(a > 10){ throw 'Variable a ist zu groß.'; }
  /* ... weitere Anweisungen ... */
}
catch(b)
{
  alert('Fehler "'+b+'" ist aufgetreten.')
}
```

Wie im Beispiel zu sehen ist, muss nach der Anweisung die Fehlerbezeichnung folgen (als Variable, Text, Zahl ...). Die Fehlerbezeichnung dient dazu, den Fehler zu identifizieren, falls innerhalb des catch-Blocks noch mit ihm gearbeitet werden soll.

JavaScript in der Praxis

Das erfahren Sie in diesem Kapitel:

- *Wie Sie JavaScript in der Praxis einsetzen*
- *Wie Sie mit Datum und Zeit umgehen*
- *Was Sie mit Arrays anstellen können*
- *Wie Sie Fomulare kontrollieren*
- *Wie Sie mit Fenstern und Frames arbeiten*
- *Wie Sie Cookies einsetzen*

Nachdem wir uns mit den Grundlagen beschäftigt haben, wollen wir JavaScript nun in der Praxis anwenden. Da sich natürlich nicht jede Situation und jede Programmieraufgabe innerhalb dieses Kapitels abbilden lässt – dafür sind die Möglichkeiten von JavaScript einfach zu umfangreich –, wollen wir uns hier den wichtigsten Dingen widmen.

3.1 JavaScript und der Browser: die wichtigsten Objekte

Wird JavaScript-Code in einem Browser ausgeführt (in der Regel also in einer Webseite), stellt dieser für gewöhnlich eine Reihe von Objekten zur Verfügung, mit denen man auf die einzelnen Bestandteile des Browserfensters bzw. des angezeigten Dokuments zugreifen kann. Je nach verwendetem Browser und dessen Version unterscheidet sich zwar die Ausprägung der Objekte, im Wesentlichen beherrschen die wichtigen Browser wie Microsoft Internet Explorer, (Mozilla) Firefox, Opera oder Safari jedoch die gleichen Objekte. Folgende Objekte sind für jeden JavaScript-Programmierer unerlässlich:

Number-, Date-, Array- und String-Objekt

Bei diesen Objekten handelt es sich um erweiterte Datentypen, da etwa Zahlen, Strings und Datumswerte in vielen Programmiersprachen nicht als Objekt, sondern als „normaler" Datentyp behandelt werden. In JavaScript ist es etwas anders, hier ist jeder Datentyp auch gleich ein Objekt und kann als solches Eigenschaften und Methoden tragen. Beispiel:

```
alert((3.666667).toFixed(2)); //auf 2 Kommastellen brechen
a = 'Hans Hase';
alert(a.length); //Anzahl der Zeichen ausgeben
```

window-Objekt

Das window-Objekt ist das oberste Objekt in der Reihe – alle anderen Objekte, die im Browser zur Verfügung stehen, stammen von diesem ab. Das Objekt selbst stellt die Schnittstelle zum – wie sollte es anders sein – Fenster dar, in dem das Skript gerade ausgeführt wird. Hierzu bietet es Eigenschaften, die es etwa erlauben, die Statusanzeige zu ändern, neue Fenster zu öffnen oder das Fenster zu vergrößern bzw. zu verkleinern. Beispiel:

```
window.status = 'JavaScript in der Statusleiste';
a = window.open('http://www.html-world.de','a');
a.resizeTo(500,500); //neues Fenster a auf 500x500 ändern
```

Abbildung 16 ~ JavaScript ermöglicht den Zugriff auf das Browserfenster, wie hier auf die Statusleiste.

document-Objekt

Das document-Objekt ist eigentlich ein Unterobjekt des window-Objekts, kann aber aufgrund des häufigen Gebrauchs auch ohne Nennung von window verwendet werden. Es bietet den Zugriff auf das angezeigte Dokument sowie die darin enthaltenen Elemente wie Formulare, Links, Bilder usw. Beispiel:

```
document.title = 'Seitentitel';
document.bgColor = 'red'; //Hintergrundfarbe auf Rot
document.writeln('Ich bin JavaScript');
document.meinForumlar.meinFeld.value = '23';
```

location- und history-Objekt

Diese beiden Objekte sind ebenfalls Abkömmlinge des window-Objekts und dienen dem Zugriff auf die Navigation bzw. History (Verlauf) des Browsers.

Damit ist es möglich, z. B. eine neue Seite anzusteuern oder auf die zuvor besuchte Seite zurückzuspringen. Beispiel:

```
location.relaod(); //Seite neu laden

location.href = 'neueseite.html';

history.back(); //letzte Seite anzeigen
```

Weitere Objekte, Eigenschaften und Methoden

Da es leider nicht möglich ist, alle Objekte, Eigenschaften und Methoden innerhalb dieses Buchs aufzuführen (einige Objekte haben bis zu 100 Eigenschaften), soll an dieser Stelle auf andere Werke verwiesen werden, in denen entsprechende Referenzen verzeichnet sind. Darüber hinaus ist die Seite *www.html-world.de* in diesem Zusammenhang sehr zu empfehlen, welche das größte deutschsprachige Verzeichnis in Sachen JavaScript-Objekte samt verfügbaren Eigenschaften und Methoden beinhaltet.

3.2 Datum & Zeit

Ein guter Einstieg in die JavaScript-Praxis ist die Arbeit mit Datums- und Zeitwerten, da sich Datumsangaben nicht einfach so umrechnen lassen – 40 Minuten ergeben eben nicht 0,4 Stunden. JavaScript bietet hierfür bereits vorgefertigte Bibliotheken und Objekte, welche die Verarbeitung von Datumsangaben deutlich vereinfachen.

Das Date-Objekt

Das Date-Objekt ist ein von JavaScript zur Verfügung gestelltes Objekt zur Verarbeitung von Datums- und Zeitangaben. Das Objekt besitzt diverse Methoden, die es etwa erlauben, ein neues Datum zu setzen oder Datumsangaben sinnvoll zu formatieren.

Um das Date-Objekt zu verwenden, muss es, wie jedes andere Objekt auch, zunächst in einer Variablen erstellt werden:

```
a = new Date();
```

Außerdem können dem Constructor diverse Parameter übergeben werden, um das Datum auf einen definierten Wert zu setzen. Die Möglichkeiten sind hier:

- Die erste Möglichkeit besteht darin, als ersten und einzigen Parameter die Anzahl an Millisekunden seit dem 01. Jan. 1970 00:00:00 Uhr zu notieren. Da JavaScript intern jeden Datumswert als eine Millisekundenzahl speichert, ist dies sozusagen die Grundform aller Daten. Diese Variante wird in der Regel dann verwendet, wenn Datumswerte z. B. aus anderen Programmiersprachen übernommen werden, die ebenso in Millisekunden rechnen.

- Die zweite Möglichkeit besteht darin, einen Datumsstring anzugeben, aus dem sich dann der Computer das zu setzende Datum herleiten kann. Damit eben dies der Fall ist, muss der String z. B. wie folgt aufgebaut sein: „Mon Apr 2 22:23:26 UTC+0200 2007".

- Als dritte Möglichkeit können die Werte für Jahr, Monat und Tag sowie optional für Stunde, Minute, Sekunde und Millisekunde jeweils als einzelner Parameter übergeben werden (in dieser Reihenfolge). Dabei ist zu beachten, dass der Januar den Wert 0 und nicht 1 besitzt und somit von allen Monaten 1 subtrahiert werden muss.

```
a = new Date(1176804794015);
alert(a.toString()); // Tue Apr 17 12:13:14 UTC+0200 2007

a = new Date('Tue Apr 17 12:13:14 UTC+0200 2007');
alert (a.toString()); // Tue Apr 17 12:13:14 UTC+0200 2007

a = new Date(2007,3,17);
alert (a.toString()); // Tue Apr 17 00:00:00 UTC+0200 2007
```

```
a = new Date(2007,3,17,12);
alert (a.toString()); // Tue Apr 17 12:00:00 UTC+0200 2007

a = new Date(2007,3,17,12,13);
alert (a.toString()); // Tue Apr 17 12:13:00 UTC+0200 2007

a = new Date(2007,3,17,12,13,14);
alert (a.toString()); // Tue Apr 17 12:13:14 UTC+0200 2007

a = new Date(2007,3,17,12,13,14,15);
alert (a.toString()); // Tue Apr 17 12:13:14 UTC+0200 2007
```

Darüber hinaus kann das Datum mit diversen Funktionen gesetzt werden. Hier einige Beispiele:

```
a = new Date();
a.setYear(2007);
a.setMonth(3);
a.setDate(17);
a.setHours(12);
a.setMinutes(13);
a.setSeconds(14);
a.setMilliseconds(15);
```

Die Uhrzeit anzeigen

Ebenso wie das Date-Objekt diverse Funktionen zum Setzen des Datums bereitstellt, werden natürlich auch zahlreiche Funktionen zum Auslesen der einzelnen Datumswerte zur Verfügung gestellt. Um dem Besucher etwa die aktuelle Uhrzeit anzuzeigen, muss jeweils nur ein neues Date-Objekt erstellt und die Zeitangaben ausgelesen werden:

```
function zeitanzeige()
{
  jetzt = new Date();
```

```
zeit = jetzt.getHours()+':'+
       jetzt.getMinutes()+':'+
       jetzt.getSeconds();
  window.status = 'Es ist '+zeit+' Uhr';
}
window.setInterval('zeitanzeige()',1000);
```

Die status-Eigenschaft des window-Objekts bewirkt hier, dass der übergebene String in der Statusleiste des Browserfensters angezeigt wird. Die setInterval-Methode wiederum bewirkt, dass die notierte Funktion im Sekundentakt aufgerufen und die Uhrzeit damit fortlaufend angezeigt wird.

3.3 Mit Arrays arbeiten

Arrays sind eine besondere Objekt- bzw. Datentyp-Form. Im Gegensatz zu normalen Objekten speichern sie Daten nicht innerhalb von Eigenschaften, sondern als eine durchnummerierte Liste von quasi beliebiger Länge. Damit ist es möglich, Daten sortiert abzulegen und ebenso wieder abzurufen. In den meisten Fällen sind Arrays die einzige Möglichkeit mit Daten umzugehen, da der Inhalt eines Arrays jederzeit erweitert werden kann, ohne dabei die Logik des Arrays durcheinanderzubringen.

Ebenso wie jedes andere Objekt wird auch ein Array zunächst mit dem Aufruf new Array() erstellt und kann dann gefüllt werden. Im Gegensatz zu einem Objekt werden die Felder eines Arrays jedoch über einen Index angesprochen. Der Index des ersten Feldes beträgt hierbei 0, der des zweiten Feldes 1, der des dritten 2 usw. und wird jeweils innerhalb von eckigen Klammern an den Array-namen angehängt. Beispiel:

```
a = new Array();
a[0] = 'erstes Feld';
a[1] = 'zweites Feld';
```

```
a[133] = '134. Feld';
z = a[1]; //Inhalt von Feld 2 abrufen
```

Ein Feldes kann dabei wie eine normale Variable jeden Datentyp und sogar weitere Arrays beinhalten.

Der Vorteil, den Arrays gegenüber anderen Objekten bieten, besteht darin, dass alle Daten mit einem Index statt über eine Eigenschaft abgefragt werden können. Damit ist es möglich, ein Array etwa innerhalb einer `for`-Schleife zu durchlaufen und alle Werte herauszuschreiben, zu berechnen oder andere Dinge damit anzustellen.

```
umsatz = new Array(
                   4223.23,
                   789.03,
                   8373.62,
                   7223.55,
                   3099.62
                   );
gesamt = 0;
for(i=0; i<umsatz.length; i++)
{
  gesamt += umsatz[i];
}
alert('Gesamtumsatz: '+gesamt.toFixed(2)+' EUR');
```

Mehrdimensionale Arrays

Da ein einfaches Array in manchen Fällen noch zu wenig ist, kann man sich mit einem kleinen Umweg leicht ein mehrdimensionales Array schaffen, um so etwa Tabellen (2D) oder Raum-Koordinaten (3D) abbilden zu können. Hierfür nutzt man aus, dass der Inhalt eines Array-Feldes jeglichen Datentyp, also auch ein Array selbst, annehmen kann. Um nun ein zweidimensionales Array zu bekommen, wird einfach jedes Feld eines eindimensionalen Arrays mit einem weiteren Array bestimmter Länge gefüllt. Benötigt man noch eine Dimension mehr, werden auch die Felder der neu eingefügten Arrays wiederum mit Arrays gefüllt usw. Beispiel:

```
matrix1 = new Array();
matrix1[0] = new Array(1,2,3);
matrix1[1] = new Array(3,4,5);
matrix1[2] = new Array(5,6,7);

matrix2 = new Array();
matrix2[0] = new Array(5,6,7);
matrix2[1] = new Array(7,8,9);
matrix2[2] = new Array(9,0,1);

function matrizenaddition(m1, m2)
{
 matrix = new Array();
 for(i=0;i<m1.length;i++)
 {
  matrix[i] = new Array();
  for(j=0;j<m2[i].length;j++)
  {
   matrix[i][j] = m1[i][j]+m2[i][j];
  }
 }
 return matrix;
}

m = matrizenaddition(matrix1, matrix2);
```

Arrays sortieren

Für das Sortieren von Daten eignen sich Arrays ganz besonders, vor allem weil es schon eine vordefinierte Funktion zum Sortieren eines Arrays gibt. Eindimensionale Arrays können leicht über die sort-Methode sortiert werden. Sie sortiert das gegebene Array nach dem Alphabet. Aber Vorsicht: Große Buchstaben kommen vor kleinen Buchstaben und Zahlen werden ebenfalls als Zeichen und nicht als Zahlen behandelt. Das folgende Beispiel sortiert also nicht 3, 11, A, a, B, b, sondern 11, 3, A, B, a, b – was unter Umständen zu Problemen führen könnte:

```
a = new Array();
a[0] = 'a';
a[1] = 'b';
a[2] = '11';
a[3] = 'A';
a[4] = 'B';
a[5] = '3';
a.sort(); // sortiert a nach: 11 3 A B a b
```

Soll die Sortierung umgestellt werden, ist es möglich, der sort-Methode eine Funktion zu übergeben, die für den Vergleich zweier Daten zuständig ist. Bei jedem Sortiervorgang ruft die Methode die definierte Funktion auf und übergibt ihr die zwei zu vergleichenden Werte. Die Funktion kann nun entscheiden, welcher größer, gleich oder kleiner ist, und entsprechend einen Wert zurückgeben. Ist der erste Wert kleiner, sollte die Funktion -1 angeben, sind sie gleich 0 und ist der zweite Wert kleiner, sollte sie 1 ausgeben. Das obige Beispiel richtig (nach Wertigkeit) sortiert könnte z. B. so aussehen:

```
function vergleiche(x,y)
{
 x = x.toLowerCase();
 y = y.toLowerCase();
 //zwei Zahlen; Hinweis: isNAN prüft ob x keine Zahl ist
 if(isNaN(x) == false && isNaN(y) == false){res = x - y;}

 //Zahl und String
 else if(isNaN(x) == false && isNaN(y) == true){res = -1;}
 else if(isNaN(y) == false && isNaN(x) == true){res = 1;}

 //zwei Strings
 else if(x < y){res = -1;}
```

```
else if(y < x){res = 1;}

//zwei gleiche Strings
else {res = 0;}
return(res)
}

a = new Array();
a[0] = 'a';
a[1] = 'b';
a[2] = '3';
a[3] = 'A';
a[4] = 'B';
a[5] = '11';
a.sort(vergleiche);
```

... ergibt richtig die Reihenfolge 3, 11, a, A, b, B.

Etwas schwieriger wird es da schon bei 2D-Arrays. Hierfür muss im Einzelfall je nach benötigter Sortierung die Sortierfunktion angepasst werden. Das folgende Beispiel zeigt eine einfache Sortierfunktion, welche die Daten zeilenweise nach Spalte 2 sortiert (geht man davon aus, dass das oberste Array die Zeilen darstellt):

```
function vergleiche(x,y)
{
  return x[2] - y[2];
}

a = new Array();
a[0] = new Array(7,8,9);
a[1] = new Array(4,5,6);
a[2] = new Array(1,2,3);
a.sort(vergleiche);
```

3.4 Formulare kontrollieren

Das Auswerten von Formulardaten gehört zum Einmaleins von JavaScript und ist eine der am meisten benutzten Fähigkeiten, die JavaScript zu bieten hat. Ein Grund: Man kann noch vor dem eigentlichen Absenden des Formulars möglichen Fehlern leicht auf die Schliche kommen und damit dafür sorgen, dass am Server (also wenn das Formular tatsächlich abgeschickt wurde) möglichst nur Daten ankommen, die auch einigermaßen korrekt sind.

Zugriff auf Formulare

Um ein Formular verarbeiten zu können, muss man erst einmal Zugriff darauf haben. Jedes Formular ist dabei auf mehrere Arten ansprechbar:

- `document.forms[x]`, wobei x der Index des Formulars ist. Das erste Formular (`<form ...>`) in der Webseite (im Code am weitesten vorn) trägt den Index 0, das zweite 1, das dritte 2 usw.
- `document.Formularname`, wobei `Formularname` durch den Namen (`<form name="Formularname" ...>`) ersetzt wird. Hierbei ist zu beachten, dass, sofern es mehrere Formulare in einem Dokument gibt, jedes einen eindeutigen Namen tragen muss.
- Via `this`-Anweisung kann das Formular direkt aus dem `onsubmit`-Ereignis heraus adressiert werden (`<form onsubmit= "return machwas(this)" ...>`).

Üblicherweise wird die zweite Schreibweise verwendet – es spricht jedoch auch nichts gegen die anderen beiden.

Zugriff auf Formularelemente

Hat man Zugriff auf das Formular, kann man von dort aus auf die Formularelemente (Eingabefelder, Buttons, Checkboxen usw.) zugreifen. Dies kann wiederum entweder über den Index des Elements (`document.formular.elements[x]`) geschehen, wird allerdings üblicherweise über den Namen des

Elements gehandhabt. Hierzu wird ebenso wie beim Formular selbst dem Element ein eindeutiger (!) Name gegeben, über den es dann ansprechbar ist:

```
<script language="JavaScript">
<!-
  function sagan()
  {
    alert('Deine E-Mail ist: '+document.form1.email.value);
  }
//->
</script>
<form name="form1">
  E-Mail: <input type="Text" name="email" value="">
  <input type="button" onclick="sagan()" value="Sag an!">
</form>
```

Formular überprüfen

Je nachdem, welche Formularelemente verwendet wurden, unterscheidet sich die Überprüfung ein wenig. Die wichtigsten sollen hier kurz vorgestellt werden. Als Grundlage verwenden wir dazu folgendes Formular:

```
<form onsubmit="return pruefen()" method="post"
      action="absenden.php" name="form1">
  Name:          <input type="Text" name="name" value=""><br>
  E-Mail:        <input type="Text" name="email" value=""><br>
  <br>
  Passwort:      <input type="Password" name="pass1"><br>
  Wiederholung: <input type="Password" name="pass2"><br>
  <br>
  Newsletter empfangen:
  <input type="Radio" name="news" value="ja"> Ja /
  <input type="Radio" name="news" value="nein"> Nein<br>
  <br>
```

```
Wie sind Sie auf uns gekommen?<br>
<select name="quelle" size="1">
 <option value="-">- Bitte wählen -</option>
 <option value="Google">Google</option>
 <option value="Freund">Empfehlung von Freund</option>
 <option value="Werbung">Werbung</option>
 <option value="Sonstiges">Sonstiges</option>
</select><br>
<br>
<input type="Checkbox" name="agb" value="ja">
 Ja, ich akzeptiere die AGB.<br>
<br>
<input type="Submit" value="Anmelden ...">
</form>
```

Eingabefelder

Besonders bei Kontaktanfragen ist meist die Eingabe eines Namens unumgänglich. Um zu prüfen, ob auch wirklich alle Felder ausgefüllt sind, wird einfach geschaut, ob sie einen nichtleeren Inhalt (value-Eigenschaft) besitzen:

```
function pruefen()
{
 res = true;
 a = document.form1;
 if(a.name.value == ''){res = false;}
 if(a.email.value == ''){res = false;}
 //... weitere Prüfungen ...

 if(!res)
 {alert('Bitte Formular vollständig ausfüllen!');}
 return res;
}
```

E-Mail-Felder

Bei Feldern, in die E-Mail-Adressen eingegeben werden sollen, sollte neben dem Inhalt auch geprüft werden, ob es sich dabei wirklich um eine E-Mail-Adresse handelt. Handelt es sich um eine E-Mail-Adresse, so sind mindestens ein Buchstabe vor dem @-Zeichen sowie 3 weitere Buchstaben, ein Punkt und nochmals mindestens zwei Buchstaben danach vorhanden. Wem das zu komplex ist, der kann auch

a)   lediglich prüfen, ob ein @-Zeichen vorhanden ist und der Inhalt mindestens 8 Zeichen lang ist oder

b)   mit einem sogenannten regulären Ausdrücken exakt eine Prüfung vornehmen.

Die erste Lösung könnte wie folgt aussehen:

```
if(a.email.value.indexOf('@') == -1){res = false;}
if(a.email.value.length < 8){res = false;}
```

Da der Inhalt eines Textfeldes (value) ein String ist, lassen sich auf ihn die Methoden des String-Objekts anwenden. Die indexOf-Methode fragt ab, an welcher Stelle im Text ein bestimmter anderer Text (hier das @-Zeichen) steht. Der Wert -1 signalisiert hier, dass das @-Zeichen nicht vorhanden ist. Anschließend wird mit der length-Eigenschaft die Länge (Anzahl der Zeichen) geprüft.

Die zweite und kompliziertere Lösung könnte z. B. so aussehen:

```
a = document.form1;
reg = new RegExp('^([a-zA-Z0-9\\-\\.\\_]+)'+      //Name
                 '(\\@)'+                         //@-Zeichen
                 '([a-zA-Z0-9\\-\\.]+)'+          //Domain
                 '(\\.)'+                         //Punkt
                 '([a-zA Z]{2,4})$');             //TLD
if(reg.test(a.email.value) == false){res = false;}
```

Bei sogenannten regulären Ausdrücken handelt es sich um besondere String-Konstrukte, die dem RegExp-Parser (sozusagen dem „String-Prüfer") genaue Anweisungen geben, wonach er suchen soll. In diesem Fall soll er also genau nach den Zeichen suchen, die üblicherweise in einer E-Mail-Adresse vorkommen (eben mindestens ein Buchstabe, ein @-Zeichen sowie eine Domain).

Passwortfelder

Passwortfelder werden in JavaScript genauso behandelt wie normale Eingabefelder – es ist sogar möglich, das Passwort auszulesen und etwa mit einem gespeicherten String zu vergleichen. Bei Registrierformularen werden zudem üblicherweise zwei Passwortfelder angegeben: Um Fehleingaben vorzubeugen, wird das Passwort noch einmal wiederholt und mit der ersten Eingabe verglichen – stimmen sie nicht überein, hat sich der User wohl vertippt. Beispiel:

```
a = document.form1;
if(a.pass1.value != a.pass2.value)
{
  alert('Das eingegebene Passwort stimmt nicht mit der '+
        'Wiederholung überein!');
  res = false;
}
```

Radiobuttons und Checkboxen

Sind Radiobuttons nicht von vornherein markiert, muss getestet werden, ob nun beim Absenden des Formulars eines eine Markierung enthält. Da Radiobuttons alle den gleichen Namen tragen, ergibt sich bei JavaScript für diese Buttons automatisch ein Array an Buttons. Soll auf einen Button zugegriffen werden, so kann dies also über den Index des Buttons geschehen: document.form1.news[x].... Werden alle Buttons durchlaufen, kann so getestet werden, ob einer markiert wurde (und gegebenenfalls welcher das ist):

```
a = document.form1;
r = a.news;
s - false;
for(i=0;i<r.length;i++)
{
  if(r[i].checked == true){ s = true; break; }
}
if(!s){res = false;}
```

Bei Checkboxen verhält es sich ähnlich: Auch hier wird die checked-Eigenschaft geprüft, nur eben ohne dabei ein Array zu durchlaufen:

```
if(!a.agb.checked){res = false;}
```

Select-Felder

Im obigen Beispiel ist auch ein Select-Feld definiert, über das die Quelle des Besuchs ausgewählt werden kann. Damit der Besucher auch auf jeden Fall eine Quelle auswählt (die Standardauswahl ist ja „Bitte wählen"), sollte überprüft werden, welcher Eintrag gewählt wurde. Auf das Select-Feld kann wie bei allen Feldern über den Namen zugegriffen werden – die einzelnen Einträge sind über das options-Array abrufbar. Da es uns in diesem Beispiel ausreicht zu wissen, dass nicht der erste Eintrag ("Bitte wählen") gewählt wurde, brauchen wir nur zu prüfen, ob die Eigenschaft selectedIndex des Select-Feldes größer 0 (Null) ist. Die Eigenschaft gibt den Index des ausgewählten Eintrags an: Wurde der erste ausgewählt, gibt sie 0 aus, für den zweiten 1, für den dritten 2 usw. Wurde kein Eintrag markiert, gibt sie den Wert –1 zurück. In jedem Fall, in dem eine korrekte Auswahl erfolgte, ist der Wert dieser Eigenschaft also größer als 0. Der dafür zuständige Code sieht dann in etwa so aus:

```
if(a.quelle.selectedIndex > 0){res = false;}
```

Das komplette Skript

Das komplette Skript könnte in diesem Fall also wie folgt aussehen:

```
function pruefen()
{
 res = true;
 a = document.form1;
 if(a.name.value == ''){res = false;}
 if(a.email.value == ''){res = false;}
 if(a.email.value.indexOf('@') == -1){res = false;}
 if(a.email.value.length < 8){res = false;}
 reg = new RegExp('^([a-zA-Z0-9\\-\\.\\_]+)'+     //Name
                  '(\\@)'+                        //@-Zeichen
                  '([a-zA-Z0-9\\-\\.]+)'+         //Domain
                  '(\\.)'+                        //Punkt
                  '([a-zA-Z]{2,4})$');            //TLD
 if(reg.test(a.email.value) == false){res = false;}
 if(a.pass1.value != a.pass2.value)
 {
  alert('Das eingegebene Passwort stimmt nicht mit der '+
        'Wiederholung überein!');
  res = false;
 }
 r = a.news;
 s = false;
 for(i=0;i<r.length;i++)
 {
  if(r[i].checked == true){ s = true; break; }
 }
 if(!s){res = false;}
 if(!a.agb.checked){res = false;}
 if(a.quelle.selectedIndex > 0){res = false;}
 if(!res)
 {alert('Bitte Formular vollständig ausfüllen!');}
 return res;
}
```

3.5 Fenster & Frames

Daten ins Dokument schreiben

Eine der Hauptaufgaben von JavaScript ist es, errechnete Daten oder andere Werte in die Ausgabe, also die Webseite zu schreiben. JavaScript bietet hierzu die Möglichkeit, das Dokument entweder komplett neu zu schreiben oder während des Öffnens des Dokuments Daten in das Dokument einzufügen. Ein nachträgliches Ändern des bereits angezeigten Dokumentinhalts ist indes nicht ohne Weiteres möglich.

Dokument erweitern

Soll ein Dokument um errechnete Daten erweitert werden, geht dies eigentlich nur während des Öffnen Vorgangs, also wenn der Computer das Dokument liest, den enthaltenen JavaScript-Code verarbeitet und das Dokument schließlich anzeigt. Das „eigentlich" im letzten Satz deshalb, weil mit DHTML und Ajax eben genau das Gegenteil erreicht wird – nämlich das nachträgliche Ändern des Dokumentinhalts.

Um ein Dokument während des Öffnens mit durch JavaScript generierten Daten zu füllen, verwendet man die write- oder writeln-Methode des document-Objekts. Als Parameter wird dazu einfach der auszugebende HTML-Code als String übergeben. Beispiel:

```
<script language="JavaScript">
<!-
document.write('<pre>');
document.writeln('Ich');
document.writeln('  bin');
document.writeln('    JavaScript!');
document.write('</pre>');
//->
</script>
```

Im Browser schaut das Ganze dann in etwa so aus:

Abbildung 17 ~ JavaScript-Ausgabe im Browser

Wichtig dabei ist, dass der Ladevorgang noch nicht abgeschlossen ist, also der Code entweder direkt oder über eine Funktion aufgerufen wird, die während des Ladens gestartet wird.

Am obigen Beispiel ist auch sehr schön der Unterschied zwischen write und writeln zu sehen: Während write den Text einfach nur in die Ausgabe schreibt, wird bei writeln die Ausgabe mit einem Zeilenumbruch (\r\n bzw. \n) beendet und damit zeilenweise geschrieben.

Dokument neu schreiben

Soll ein Dokument völlig neu geschrieben werden, passiert dies ebenso über die Methoden write bzw. writeln des document-Objekts. Um dem Browser zu signalisieren, dass er ein neues Dokument beginnen soll, wird hierbei jedoch zunächst mittels document.open() die Ausgabe geleert und nach dem Schreibvorgang anschließend die Ausgabe wieder mit document.close() geschlossen. Beispiel:

```
<script language="JavaScript">
<!-

function neuerInhalt()
```

```
{
  document.open();
  document.write('<html><head><title>JavaScript</title>');
  document.write('</head><body><pre>');
  document.writeln('Ich');
  document.writeln('  bin');
  document.writeln('    JavaScript!');
  document.write('</pre></body></html>');
  document.close();
}
//->
</script>
<a href="javascript:neuerInhalt();">Neuer Inhalt</a>
```

Popup erzeugen

Oft gesehen, bei Werbern geliebt, bei Besuchern gehasst: Die Rede ist von Popups – kleine oder große Fenster, die sich, meist beim Aufrufen einer Seite, öffnen und Werbung, Hinweise oder einfach nur eine andere Webseite anzeigen.

Um ein Popup, oder besser gesagt ein neues Fenster, zu öffnen, braucht es im Prinzip nicht mehr als die open-Funktion des window-Objekts (nicht mit der des document-Objekts verwechseln!). Als ersten Parameter übergibt man dieser die anzuzeigende URL, als zweiten einen Namen für das Fenster und optional als dritten noch ein paar Eigenschaften, die bestimmen, wie das Fenster aussehen soll. Alles ganz einfach also:

```
a = window.open('http://www.html-world.de',
                'neuesFenster',
                'height=500,width=650');
```

Interessant ist hierbei insbesondere auch der dritte Parameter. Wie im Beispiel gezeigt, werden hier die Eigenschaften des Fensters einfach als eine kommagetrennte Liste in einem String aneinandergereiht. Mögliche Angaben sind dabei u. a. die folgenden:

- height – gibt die Höhe des Fensters an. Wichtig: Fenster können nicht kleiner als 100px sein.
- left – gibt die horizontale Position des Fensters an (Abstand links).
- location – yes/no oder 1/0, gibt an, ob die Adresszeile anzeigt werden soll.
- resizeable – yes/no oder 1/0, gibt an, ob der Benutzer das Fenster in der Größe ändern können soll.
- scrollbars – yes/no oder 1/0, gibt an, ob der Fensterinhalt die Möglichkeit zum Scrollen bieten soll.
- status – yes/no oder 1/0, gibt an, ob die Statusleiste anzeigt werden soll.
- titlebar – yes/no oder 1/0, gibt an, ob die Titelleiste anzeigt werden soll.
- toolbar – yes/no oder 1/0, gibt an, ob die Toolleiste anzeigt werden soll.
- top – gibt die vertikale Position des Fensters an (Abstand oben).
- width – gibt die Breite des Fensters an. Wichtig: Fenster können nicht kleiner als 100px sein.

(Mehrere) Frames ändern

Ein in Foren oft gefragtes Thema ist der Wechsel von mehreren Frames mit einem einzelnen Klick auf einen Link. Mit einem normalen HTML-Link wäre je Klick nur die Änderung eines Frames mithilfe des target-Attributs möglich – unter Zuhilfenahme von JavaScript geht weitaus mehr.

Der Zugriff auf einen Frame erfolgt in JavaScript über das parent- (gibt das „Eltern-Frameset" an) oder top-Objekt (gibt das oberste Frameset an). Sollen mehrere Frames gleichzeitig geändert werden, wird statt des normalen Links einfach ein JavaScript aufgerufen, welches die Frames ändert. Die Frames werden hierzu mit einem Namen (`<frame name="..." ...>`) versehen und können dann direkt über diesen angesprochen werden. Hier ein Beispielskript:

```
function Wechsle(a,b)
{
  top.Hauptframe.document.location.href = a;
  top.AndererFrame.document.location.href = b;
  return false;
}
```

Das Skript kommt einfach in den head-Bereich der Seite, in der auf die Links geklickt wird. Der Aufruf kann dann z. B. so erfolgen:

```
<a href="seite1.html" target="Hauptframe"
   onclick="return Wechsle('seite1.html','uebers1.html')">
  Seite 1
</a>
```

Aufruf in fremdem Frameset verhindern

Stellen Sie sich folgende Situation vor: Eine andere Seite erstellt ein Frameset und lädt ihre Inhalte hinein. Die fremde Seite bereichert dadurch ihren Inhalt, und Sie haben auch noch die Traffic-Kosten (von der rechtlichen Situation mal abgesehen). Da das nicht nett ist, sollte man sich schützen. Abhilfe schafft hier JavaScript: Sofern ein Frameset existiert, ist dieses von jeder Seite aus über das top-Objekt erreichbar. Für dieses Frameset können wir über top.location. host feststellen, ob es sich um eines von uns oder ein fremdes Frameset handelt. Ist das Frameset nicht von uns, wird die eigene Seite einfach erneut geöffnet – nur eben diesmal ohne Frameset. Das Ganze könnte z. B. so aussehen:

```
url = top.location.host;
if (url.toLowerCase().indexOf('meinedomain.de') == -1)
{
  top.location.href = 'http://www.meinedomain.de';
}
```

Wenn Sie über mehrere Domains verfügen, die auf die gleiche Seite verweisen, sollten Sie die Abfrage etwas erweitern, um unnötigen Weiterleitungen vorzubeugen:

```
url = top.location.host;
if(url.toLowerCase().indexOf('meinedomain1.de') == -1
    &&
    url.toLowerCase().indexOf('meinedomain2.de') == -1
  )
{
  top.location.href = 'http://www.meinedomain1.de';
}
```

Packen Sie dieses Skript einfach in eine externe Datei und fügen Sie es in alle betreffenden Seiten ein – so sparen Sie Speicherplatz und verhindern, dass fremde Framesets Ihre Seiten laden.

Frameset nachladen

Wer Frames in seiner Seite verwendet, kennt folgendes Problem: Suchmaschinen bringen haufenweise Besucher auf die eigene Seite. Da die Suchmaschine die Besucher aber nicht auf die Startseite, sondern direkt zu der jeweiligen Unterseite führt, fehlt bei jedem so gelandeten Besucher das Frameset, welches sonst mit der Startseite geladen worden wäre. In den meisten Fällen ist die Navigation dann nicht erreichbar und die Besucher fragen sich, wie sie durch die Seite surfen sollen. Hier kann aber Abhilfe geschaffen werden.

In jeder Unterseite (wirklich nur Unterseiten) des Framesets benötigen Sie dazu das folgende Skript:

```
if(self == top)
{window.location.href = 'frame.htm?'+self.location.href;};
```

Es prüft, ob ein Frameset geladen wurde oder nicht. Wurde kein Frameset geladen, entspricht self (dieser Frame) gleich top (höchster Frame) und es wird auf die Seite frame.htm (stellt hier das Frameset dar) weitergeleitet. An die URL wird außerdem die ursprünglich aufgerufene Seite angehängt, um dem User die gewünschten Informationen auch zeigen zu können und ihn nicht einfach nur auf die Startseite des Framesets zu leiten.

Damit innerhalb des Framesets nun auch die richtige Seite geladen wird, brauchen wir ein weiteres kleines Skript direkt in der Datei, in der das Frameset steckt (hier frame.htm). Das könnte z. B. so aussehen:

```
<html>
<head>
<title>Frameset</title>
<script language="JavaScript">
<!-
function pruefe()
{
  a = top.location.search;
  a = a.substring(1,a.length);
  if(a != ''){ window.frames['Inhalt'].location.href = a; }
}
//->
</script>
</head>
<frameset cols="200,*" onload="pruefe()">
  <frame src="navi.html" name="Navigation">
  <frame src="start.html" name="Inhalt">
</frameset>
</html>
```

Das Skript liest den über die URL übergebenen String aus und lädt die entsprechende Datei in den Frame-Inhalt.

3.6 Mit Cookies arbeiten

Cookies sind kleine Dateien, die vom Browser gespeichert werden können. Darin kann eine Website z. B. mittels JavaScript Informationen ablegen und später wieder auslesen. Im Gegensatz zur weitläufigen Meinung sind Cookies jedoch weder gefährlich für die Sicherheit, noch lösen sie größere Bedenken in Bezug auf den Datenschutz aus. Jedes Cookie besteht aus einem Namen, dem ihm zugeordneten Wert sowie einem Ablaufdatum. Darüber hinaus können auch weitere Eigenschaften festgelegt werden, welche den Zugriff auf dieses Cookie regeln können.

Cookies speichern

JavaScript bietet zum Speichern von Cookies die document.cookie-Eigenschaft. Gespeichert wird das Cookie einfach durch eine Zuweisung des zu Speichernden auf die Eigenschaft. Beispiel:

```
document.cookie = 'name=wert;';
```

Wird nichts weiter angegeben, handelt es sich um ein sogenanntes Session-Cookie, welches vom Browser automatisch gelöscht wird, sobald dieser beendet wird. Besucht der Nutzer nach einigen Tagen die Seite erneut, ist das Cookie also weg.

Sollen Daten über einen längeren Zeitraum gespeichert werden, muss das Ablaufdatum des Cookies beim Setzen mit angegeben werden. Dies geschieht mit einem zusätzlichen expires= Eintrag am Ende des eigentlichen Cookies. Beispiel:

```
var a = new Date();
a = new Date(a.getTime() +1000*60*60*24*365);
document.cookie = 'meincookie=meinwert; expires='+
                  a.toGMTString()+';';
```

Im Beispiel wird ein Date-Objekt erstellt, um mit dessen Hilfe ein zweites Date-Objekt mit einem späteren Datum zu erstellen. Dessen Wert wird auf jetzt (a.getTime()) plus ein Jahr (1000 Millisekunden mal 60 Sekunden mal 60 Minuten mal 24 Stunden mal 365 Tage) gesetzt. Anschließend wird das Cookie mit diesem Datum gespeichert.

Cookies auslesen

Die gespeicherten Cookies können ebenso, wie sie geschrieben wurden, auch wieder über die document.cookie-Eigenschaft ausgelesen und bearbeitet werden. Um zu prüfen, ob ein Cookie gespeichert wurde, reicht eine einfache if-Bedingung, in der geprüft wird, ob der Wert nicht leer ist. Beispiel:

```
if(document.cookie){ machwas(); }
```

Ein Cookie kann dann wie ein normaler String gelesen und bearbeitet werden. Um die Namen und Werte des Cookies wieder voneinander zu trennen, kann z. B. der folgende Algorithmus verwendet werden:

```
document.cookie = 'meincookie=123';

a = document.cookie;
name = a.substring(0,a.indexOf('=')).replace(' ','');
wert = a.substr(a.indexOf('=')+1,a.length);
if(wert.indexOf(';') > -1)
{wert = wert.substring(0,wert.indexOf(';'));}

alert(name+': '+wert);
```

Cookies löschen

Um ein Cookie vor seinem Ablaufdatum zu löschen, bedient man sich eines einfachen Tricks: Man setzt ein neues Cookie mit gleichem Namen und einem Ablaufdatum aus der Vergangenheit. Da der Browser Cookies mit gleichem Namen überschreibt, wird so ein bereits verfallenes Cookie erzeugt, das vom Browser umgehend gelöscht wird. Beispiel:

```
document.cookie = 'meincookie=meinwert;'+
                  ' expires=Thu, 01-Jan-70 00:00:01 GMT;';
//01.01.1970 ist schon lange vorbei...
```

Mehrere Werte speichern und lesen

JavaScript macht das Speichern von Cookies relativ einfach, da man der cookie-Eigenschaft beliebig oft ein neues Cookie übergeben kann. Alle Cookies werden dann intern vom Browser verarbeitet, doppelte gegebenenfalls überschrieben und neue einfach hinzugefügt. Will man also mehr als einen Wert speichern, reicht es, einfach den Speichervorgang entsprechend oft zu wiederholen:

```
document.cookie = 'wert1=abc;';
document.cookie = 'wert2=def;';
document.cookie = 'wert3=ghi;';
```

Auch das Auslesen mehrerer Werte ist einfach: Der oben beschriebene Algorithmus muss nur etwas erweitert werden. Beispiel:

```
a = document.cookie;
```

```
name = a.substring(0,a.indexOf('=')).replace(' ','');
wert = a.substr(a.indexOf('=')+1,a.length);
if(wert.indexOf(';') > -1)
{wert = wert.substring(0,wert.indexOf(';'));}


a = a.substring(a.indexOf(';')+1,a.length);


name = a.substring(0,a.indexOf('=')).replace(' ','');
wert = a.substr(a.indexOf('=')+1,a.length);
if(wert.indexOf(';') > -1)
{wert = wert.substring(0,wert.indexOf(';'));}
// usw.
```

Cookies in der Praxis

Für den Praxiseinsatz ist es empfehlenswert, vorgefertigte Funktionen zu verwenden, die man einfach nur wieder in das jeweilige Skript hineinkopieren muss, um so die doch ein wenig komplizierte Arbeit mit Cookies zu erleichtern. Die folgenden drei Funktionen sind hierfür bestens geeignet:

```
function Schreiben(n,w,e)
{
 var a = new Date();
 a = new Date(a.getTime() +e);
 document.cookie = n+'='+w+'; expires='+a.toGMTString()+';';
}


function Lesen(n)
```

```
{
 a = document.cookie;
 while(a != '')
 {
  name = a.substring(0,a.indexOf('=')).replace(' ','');
  wert = a.substr(a.indexOf('=')+1,a.length);
  if(wert.indexOf(';') > -1)
  {wert = wert.substring(0,wert.indexOf(';'));}
  if(name == n){return wert;}

  if(a.indexOf(';') != -1)
  {a = a.substring(a.indexOf(';')+1,a.length);}
  else{return '';}
 }
 return '';
}

function Loeschen(n)
{
 Schreiben(n,'',-1000000);
}
```

DHTML, der kleine Helfer

Das erfahren Sie in diesem Kapitel:

- Was DHTML ist und wie Sie es einsetzen
- Wie Sie Layer positionieren, anzeigen und mit Inhalt füllen
- Wie Sie Ereignisse richtig verarbeiten

4.1 Einführung

Zu den Hoch-Zeiten der New Economy rund um die Dot-Com-Blase stand es für das Coole im Web: DHTML. Ähnlich wie derzeit mit Web 2.0 und Ajax wollte damals jede Seite hip sein, und hip war man, wenn man DHTML einsetzte – und zwar möglichst viel davon, immer und überall.

Um DHTML zu verstehen, muss man sich die Situation vor Ajax, vor Flash und XHTML vorstellen: Webseiten waren damals eher simpel, es gab wenig Interaktion, und wenn es sie gab, war sie meist auf Java-Applets oder serverseitige Dinge wie Perl/CGI oder ASP begrenzt. Die Fähigkeiten von JavaScript waren damals auch noch recht überschaubar. Dies änderte sich mit Erscheinen des Netscape Browsers in der Version 4. Er ermöglichte viel Neues, unter anderem die Verwendung eines `<layer>`- bzw. `<ilayer>`-Elements und deutlich bessere JavaScript-Unterstützung. Vor allem ermöglichte er aber eines: das Verändern einer bereits angezeigten Webseite, ohne dazu das komplette Bild neu aufbauen zu müssen (damals fast revolutionär). Damit war die Grundlage für das geschaffen, was allgemein unter DHTML bekannt geworden ist.

Was ist DHTML?

DHTML steht für dynamic HTML, also dynamisches HTML. Ziel von DHTML-„Anwendungen" ist es, Interaktivität in die sonst relativ statische Umgebung einer Webseite zu bringen, ohne dass dazu jedes Mal ein Neuladen der Webseite notwendig ist (man muss hierzu bedenken, dass zum Entstehungszeitpunkt Modems und schmale ISDN-Leitungen noch die Speerspitze der Internetanbindung bildeten). Einfach gesprochen ist DHTML keine neue Erfindung, sondern lediglich eine geschickte Verknüpfung von einigem Alten: nämlich HTML, JavaScript, CSS und DOM, das damals mehr oder minder frisch im Entstehen war. HTML bildet hier die Grundlage – die Webseite eben. Mit CSS wird das Design verfeinert und z. B. Objekte positioniert. JavaScript dient dazu, für Interaktivität zu sorgen und etwa auf Ereignisse zu reagieren. Und das DOM (Document Object Model) regelt den Zugriff zwischen JavaScript, HTML und CSS.

Wie oben erwähnt, ist DHTML also eigentlich nichts Neues, sondern lediglich ein besseres Zusammenspiel bereits bestehender Komponenten. Die vorrangigen Einsatzgebiete von DHTML bestehen auch entsprechend aus den Dingen, die man mit den einzelnen Komponenten am besten erledigen kann: in einer Webseite bestehende Elemente nachträglich verändern, um sie etwa ein- und auszublenden, zu (re-)positionieren oder den Text zu verändern.

Abbildung 18 ~ Bestes Beispiel für die Anwendung von DHTML sind Dropdown-Menüs wie hier bei HTMLWorld.de

Wo hört JavaScript auf und wo fängt DHTML an?

Gerade weil DHTML nun mal zu einem sehr großen Teil auf die Funktionalitäten von JavaScript zugreift bzw. sogar darauf angewiesen ist, lässt sich hier schwer eine Grenze ziehen, wo „normales" JavaScript aufhört und DHTML anfängt. Das Ziehen dieser Linie sei also jedem selbst überlassen, in der Regel zählt man eine Technik jedoch allgemein dann zu DHTML, wenn mittels JavaScript und CSS HTML-Elemente in irgendeiner Weise nachträglich verändert werden. Das Nachladen eines Frames oder die Kontrolle eines Formulars auf Richtigkeit zählen demnach nicht dazu, wohl aber wenn nach der Kontrolle des Formulars das falsche Formularfeld mittels CSS rot markiert wird.

Was brauche ich für DHTML und wie schreibe ich es?

Nichts weiter. Da es sich bei DHTML um ganz normale Webseiten handelt, die „nur" einen etwas weitgreifenderen JavaScript-Code beinhalten, ist also nichts weiter notwendig als das, was Sie nicht auch schon für die Arbeit mit Java-Script benötigt haben.

Zum zweiten Teil der Frage: Es werden keine Unterschiede im Code, in Funktionen oder einem anderen Bestandteil von JavaScript, HTML oder CSS gemacht – alles bleibt auch hier beim Alten, es ändert sich nur das „Wie".

Das Browserproblem

Als DHTML aufkam, gab es ein spezielles Problem, das alle Programmierer umtrieb: Nahezu jeder Browserhersteller kochte sein eigenes Süppchen in Sachen JavaScript, es gab kaum einheitliche Standards, an die sich ein Programmierer bei DHTML-relevanten Funktionen halten konnte. Zwar waren HTML, CSS und JavaScript bereits mehr oder minder offiziell standardisiert, jedoch war das DOM und damit die Objekte sowie deren Methoden und Eigenschaften noch stark vom jeweiligen Browser abhängig. Programmierer waren also immer gezwungen, nicht nur einen Weg zu programmieren, sondern zunächst den vom Nutzer verwendeten Browser zu ermitteln und dann möglichst für alle Browser, -versionen und -eigenheiten einen entsprechenden Weg paratzuhalten.

Die Situation heute

Im Zuge der verschiedenen Versionen und einer langsam fortschreitenden Standardisierung sind die meisten aktuellen Browser jedoch auf einem einigermaßen gleichen Level, was die Unterstützung der für DHTML relevanten Objekte, Methoden und Eigenschaften angeht. Für Programmierer positiv hinzu kommt, dass die Verbreitung bestimmter Browser deutlich für die aktuellen Versionen spricht und ältere oder alte Browser kaum noch im Umlauf sind. Für die Arbeit mit DHTML sind Browserunterscheidungen daher mittlerweile kaum noch von Relevanz.

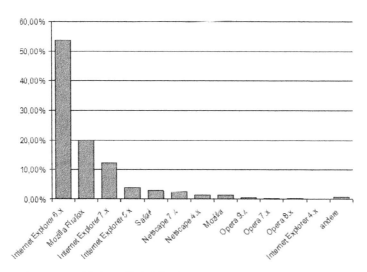

Abbildung 19 ~ Marktanteile bei den Browsern

Wie der Grafik zu entnehmen ist, spielen ältere Browser wie der Netscape 4.x kaum mehr eine Rolle. Entsprechend werden diese in den meisten Fällen beim Programmieren auch nicht mehr berücksichtigt, sondern man konzentriert sich hier auf die modernen Browser.

Browserunterscheidung

Da die Browserproblematik, die noch vor einigen Jahren mit der Unterstützung für DHTML einherging, mittlerweile bei der Verwendung von Ajax wieder auflebt (hier herrschen ähnliche Probleme vor – dazu aber später mehr), wollen wir in diesem Zusammenhang hier kurz auf die Möglichkeiten eingehen, verschiedene Browser und Browserversionen voneinander zu unterscheiden.

Der einfachste Weg herauszufinden, mit welchem Browser man es gerade zu tun hat, ist, ihn einfach zu fragen. Hierzu stellt JavaScript das navigator-

Objekt zur Verfügung, dessen userAgent- und appVersion-Eigenschaften mehr oder minder genau Auskunft geben können. Beispiel:

```
ua = navigator.userAgent.toLowerCase();
uv = parseInt(navigator.appVersion);
if(ua.indexOf('opera') != -1 && uv >= 4){/*Opera*/}
else if(ua.indexOf('msie') != -1 && uv >= 4){/*Microsoft*/}
else if(uv == 4){/*Netscape (4.x)*/}
else if(uv >= 5){/*Netscape (6.x)*/}
```

Das oben gezeigte Verfahren wird jedoch als veraltet angesehen, da etwa der Opera-Browser sich nicht zwangsläufig als solcher zu erkennen gibt. Ähnliche Probleme gibt es mit anderen Browsern. Als günstiger und effektiver erwiesen hat sich als Verfahren das einfache Austesten der besten Möglichkeit. Weiß man etwa, dass 2/3 der Browser die Methode document.getElementById() (dazu später mehr) und die restlichen 1/3 das Objekt document.all unterstützen, reicht es an dieser Stelle lediglich zu prüfen, welche von beiden Varianten gewählt werden sollte bzw. welche Variante eben vom Browser unterstützt wird – welcher Browser es dann im Einzelnen wirklich ist, ist dabei nebensächlich. Beispiel:

```
a = new Object();

if(typeof(document.getElementById) == 'function' ||
    typeof(document.getElementById) == 'object')
{a = document.getElementById('abc');}
else if(typeof(document.all) == 'object')
{a = document.all.abc;}

//... mit a normal weiter arbeiten ...
```

4.2 DHTML-Grundlagen

Grundlage der meisten DHTML-Techniken sind sogenannte Layer. Layer sind bestimmte Elemente, die, damals noch ohne CSS, erstmals die Fähigkeit besaßen, sich im Browserfenster positionieren zu lassen. Es war möglich, ein Element zu definieren, das pixelgenau an einer bestimmten Stelle angezeigt wurde. Hinzu kam, dass diese Elemente die Möglichkeit besaßen, ihren Inhalt via JavaScript zu ändern. Im Netscape 4.x wurden dazu zwei eigene Elemente eingeführt (<layer ...> und <ilayer ...>), welche jedoch nicht standardkonform sind und auch von sonst kaum einem Browser unterstützt werden. Aus diesem Grund verwendet man heutzutage in der Regel das div-Element bzw. das span-Element. Diese Elemente sind, im Gegensatz zu den meisten anderen Elementen, nicht schon durch bestimmte CSS-Definitionen „vorbelastet". Setzt man sie in den bestehenden Code ein, verändert sich am Design nichts, solange man diese Elemente nicht via CSS dazu anweist. <div> entspricht hierbei einem Block-Element, vergleichbar mit <p> oder <blockquote>, nur eben ohne den Abstand oder dergleichen zu ändern. <span> kommt dagegen als inline-Element zum Einsatz, also etwa wie ein <b> oder <i>, das den Text nicht fett oder kursiv macht. Beispiel:

```
<div id="layer1">Ich bin ein DIV-Layer!</div>

<p>Ich bin <span id="layer2">ein SPAN-Layer</span>!</p>
```

Layer ansprechen

Um etwas Dynamik in eine Webseite zu bringen, stattet man sie also an den passenden Stellen mit div- oder span-Elementen aus, um diese anschließend via JavaScript und CSS verändern zu können. Um die Änderungen jedoch vornehmen zu können, muss man erst einmal an das Objekt herankommen, was lange Zeit aufgrund der verschiedenen Browser ein Problem war.

Moderne Browser

Das Ansprechen bestimmter Elemente geschieht bei modernen Browsern, die sich nach dem DOM richten, am einfachsten über die Methode document. getElementById('ID'). Hierzu weist man dem jeweiligen Element eine ID (z. B. <div id="meinDiv">) zu und spricht das Element mit eben dieser ID wieder an. Man erhält damit ein Objekt, welches alle Eigenschaften des angezeigten Elements besitzt und diese entsprechend verändern kann. Beispiel:

```
<div id="layer1">Ich bin ein DIV-Layer!</div>

<script language="JavaScript">
<!-
  a = document.getElementById('layer1');
  a.align = 'center';
  a.style.color = 'red';
//->
</script>
```

Ältere Browser

Bei etwas älteren Browsern existiert die getElementById-Methode leider noch nicht, hier muss man sich etwas anders behelfen. Microsofts Internet Explorer ab der Version 4.0 sowie Opera ab 5.0 verstehen etwa das Objekt document.all.ID, wobei ID eben so wie im obigen Beispiel durch die ID des Elements zu ersetzen ist. Noch ein Stück weiter geht es beim Netscape Navigator 4.x (nur die 4er-Versionen), hier muss der Layer z. B. via document.layers.ID angesprochen werden. Das Resultat ist letztlich jedoch das gleiche wie bei getElementById: Man erhält ein Objekt, welches eben dieses Element repräsentiert, und es damit ermöglicht, dieses zu verändern.

Zugriff auf andere Elemente

Der Zugriff über die oben genannten Möglichkeiten ist allerdings nicht auf die zwei Elemente div und span begrenzt – nahezu jedes Element, das eine ID hat, kann über diesen Weg angesprochen werden. Es ist also nicht zwingend notwendig, gerade diese zwei Elemente zu nutzen – jedes andere, das in das Design passt, kann ebensogut verwendet werden.

4.3 Mit Objekten arbeiten

Nachdem man erst einmal Zugriff auf das gewünschte Objekt hat, kann man es entsprechend der Zielsetzung verändern.

Neue Inhalte einbauen

Der Inhalt eines Elements lässt sich relativ einfach über die Eigenschaft innerHTML ändern, die von nahezu allen Browsern unterstützt wird. Wie der Name erkennen lässt, gibt sie den HTML-Code an, der sich im Inneren des Elements befindet. Beispiel:

```
<div id="layer1">Ich bin ein DIV-Layer!</div>

<script language="JavaScript">
<!-
 a = document.getElementById('layer1');
 a.innerHTML = 'ich bin <b>neu</b>';
//->
</script>
```

In Kombination mit Ereignissen lässt sich so etwa eine kleine Hilfefunktion konstruieren, die beim Überfahren mit der Maus eine Beschreibung des Akronyms anzeigt:

```
<p>
 <acronym title="dynamic HTML"
  onmouseover="zeigHilfe(this.title)">DHTML</acronym>
 ist die Kombination von
 <acronym title="Hypertext Markup Language"
  onmouseover="zeigHilfe(this.title)">HTML</acronym>,
 <acronym title="Cascading StyleSheets"
  onmouseover="zeigHilfe(this.title)">CSS</acronym>,
 JavaScript und
```

```
<acronym title="Document Object Model"
 onmouseover="zeigHilfe(this.title)">DOM</acronym>.
</p>

<div id="hilfe"></div>

<script language="JavaScript">
<!-
 function zeigHilfe(s)
 {
  a = document.getElementById('hilfe');
  a.innerHTML = s;
 }
//->
</script>
```

Neue Elemente im vorhandenen Code einfügen

Ein wenig schwieriger wird es schon, wenn es darum geht, nach oder vor einem Element ein anderes einzufügen, da hier nicht einfach der Inhalt eines Elements komplett neu geschrieben werden kann.

Die meisten modernen Browser unterstützen für diesen Zweck die Möglichkeit, via document.createElement(...) ein komplett neues Element zu erstellen und es dann an ein bestehendes Element via appendChild anzuhängen. Beispiel:

```
<script language="JavaScript">
<!-
 function erzeugen()
 {
  a = document.createElement('B');
  a.innerText = 'neuer fetter Text';
  document.getElementById('child').appendChild(a);
 }
//->
```

```
</script>
...
<p id="child"> Inhalt </p>
<a href="#" onclick="erzeugen()">Inhalt erzeugen</a>
```

Positionierung

Die zweite wichtige Aufgabe von DHTML ist die (Re-)Positionierung von Elementen auf dem Bildschirm. Hierbei unterscheidet man zwischen absoluter und relativer Positionierung. Absolut positionierte Elemente (in CSS `style="position:absolute;"`) werden anhand der Position des Fensters bzw. des Eltern-Elements dargestellt. Ihnen ist dabei egal, wo im Code sie sich befinden und welche Elemente es noch gibt – man „gibt" ihnen einfach zwei Koordinaten, und genau dort werden sie dann auch erscheinen. Relativ positionierte Elemente (in CSS `style="position:relative;"`) werden dagegen anhand der Position gemessen, an der sie sich befinden würden, wären sie nicht nachträglich umpositioniert worden. Zur Positionierung werden dabei einfach die in CSS vorhandenen Möglichkeiten genutzt (CSS-Eigenschaften `position`, `left` und `top`). Beispiel:

```
<div style="position:absolute; left:150px; top:150px;
border:1px solid red;">Ich bin absolut positioniert.</div>
<br>

<p style="border:1px solid black;">Ich bin <span style=
"position:relative; left:20px; top:20px; border:1px solid
green;">relativ</span> positioniert.</p>
<br>

<p style="position:relative; border:1px solid black;">Ich bin
<span style="position:absolute; left:20px; top:20px;
border:1px solid blue;">absolut innerhalb eines relativ
positionierten Elements</span> positioniert.</p>
```

Das obige Beispiel hier noch einmal als Grafik. Eingezeichnet sind hier die durch die Positionierung erreichten Unterschiede:

Ohne Positionierung

Ich bin absolut positioniert.

Ich bin relativ positioniert.

Ich bin absolut innerhalb eines relativ positionierten
Elements positioniert.

Mit Positionierung

Ich bin positioniert.
relativ

Ich bin positioniert.
absolut innerhalb eines relativ positionierten Elements

Ich bin absolut positioniert.

Abbildung 20 ~ Der gleiche Code einmal mit und einmal ohne Positionierungs-
anweisungen. Die schrägen Linien verdeutlichen die unterschiedliche Lage.

Soll die Position eines Elements anschließend geändert werden, greift man nun
einfach via JavaScript auf die jeweilige CSS-Eigenschaft zu und ändert sie entsprechend um. Beispiel:

```
<script language="JavaScript">
<!-
 function fangmich(o)
 {
  o.style.left = Math.round(Math.random()*500)+'px';
  o.style.top = Math.round(Math.random()*500)+'px';
 }
//->
</script>
```

```
<div style="position:absolute; left:10px; top:10px;"
onmouseover="fangmich(this)"> Fang mich! </div>
```

Das im Beispiel verwendete Objekt Math ist ein allgemeines Objekt und stellt u. a. Methoden zum Runden (round()) und zum Generieren von Zufallszahlen (random()) zur Verfügung.

Vorder- und Hintergrund

Da es bei der Positionierung dazu kommen kann, dass sich zwei Elemente überschneiden, spielt in diesem Fall die CSS-Eigenschaft z-index bzw. ihr JavaScript-Pendant ....style.zIndex eine wichtige Rolle: Das Element mit dem höchsten z-index-Wert wird als oberstes angezeigt. Verknüpft man die Änderung des Wertes mit einem Ereignis, lassen sich nette Effekte zaubern:

```
<script language="JavaScript">
<!-
  function ontop(o)
  {
    document.getElementById('layer1').style.zIndex = 0;
    document.getElementById('layer2').style.zIndex = 0;
    o.style.zIndex = 3;
  }
//->
</script>

<div id="layer1" style="position:absolute; left:10px;
top:10px; width:100px; height:100px; border:2px solid red;
background-color:white; z-index:3;"
onmouseover="ontop(this)">
Ich bin der erste Layer. Halte die Maus über mich um mich in
den Vordergrund zu ziehen.
</div>

<div id="layer2" style="position:absolute; left:40px;
top:40px; width:100px; height:100px; border:2px solid blue;
background-color:white; z-index:2;"
```

```
onmouseover="ontop(this)">
Ich bin der zweite Layer. Halte die Maus über mich um mich
in den Vordergrund zu ziehen.
</div>
```

Elemente anzeigen und ausblenden

Neben dem Inhalt und der Positionierung spielt das Ein- und Ausblenden von Elementen die dritte wichtige Rolle bei DHTML. Hier sind es vor allem die CSS-Eigenschaften visibility und display, die für die gewünschten Effekte sorgen: Die visibility-Eigenschaft bestimmt, ob ein Element sichtbar oder unsichtbar ist. Die display-Eigenschaft bestimmt zudem, wie mit dem Element verfahren werden soll: Soll es als Block, Inline-Element oder gar nicht angezeigt werden. Das folgende Beispiel macht den Unterschied zwischen den zwei Eigenschaften recht gut deutlich:

```
<p>Ich bin <span style="visibility:hidden;">weg</span>!</p>
```

```
<p>Ich bin <span style="display:none;">weg</span>!</p>
```

Während beim ersten Satz das Wort „weg" nur ausgeblendet wird, fehlt es im zweiten Satz völlig.

Je nach Zweck und Ziel kann in JavaScript dann die eine oder andere Eigenschaft gesetzt werden, um so ein Element ein- bzw. auszublenden. Der Zugriff erfolgt auch hier wieder, wie bei allen CSS-Eigenschaften, über das Unterobjekt style, welches jedes HTML-Element in JavaScript automatisch besitzt. Beispiel:

```
<script language="JavaScript">
<!-
 function kategorie(o)
 {
  document.getElementById('kat1').style.display = 'none';
  document.getElementById('kat2').style.display = 'none';
  document.getElementById('kat3').style.display = 'none';
  document.getElementById(o).style.display = 'block';
 }
```

```
//->
</script>

<div style="width:100px;">
 <b>Navigation</b><br>

 <a href="javascript:kategorie('kat1')">Kategorie 1</a><br>
 <div id="kat1" style="display:none;">
  <a href="seite1_1.html">Seite 1.1</a><br>
  <a href="seite1_2.html">Seite 1.2</a>
 </div>

 <a href="javascript:kategorie('kat2')">Kategorie 2</a><br>
 <div id="kat2" style="display:none;">
  <a href="seite2_1.html">Seite 2.1</a><br>
  <a href="seite2_2.html">Seite 2.2</a>
 </div>

 <a href="javascript:kategorie('kat3')">Kategorie 3</a><br>
 <div id="kat3" style="display:none;">
  <a href="seite3_1.html">Seite 3.1</a><br>
  <a href="seite3_2.html">Seite 3.2</a>
 </div>
</div>
```

4.4 Mit Ereignissen richtig umgehen

Da bei DHTML alles irgendwie mit Ereignissen verknüpft ist, ist für die richtige Arbeit mit DHTML der Umgang mit Ereignissen von entscheidender Bedeutung, vor allem da sich die Ereignisbehandlung leider selbst bei aktuellen Browsern unterscheidet.

Ereignisse beim Microsoft Internet Explorer

Der Internet Explorer macht es dem Programmierer relativ einfach: Alle Informationen, die ein Ereignis betreffen, werden global im Objekt window.event in den jeweiligen Eigenschaften gespeichert, auf das jederzeit und von überall aus zugegriffen werden kann. Interessant sind hier insbesondere die Eigenschaften srcElement (gibt das Element an, welches das Ereignis ausgelöst hat), offsetX und offsetY (Koordinaten, an denen das Ereignis ausgelöst wurde) oder keyCode (ASCII-Wert der gedrückten Taste). Beispiel:

```
<div style="position:absolute;" id="lay1">Ich folge der
Maus!</div>
```

```
<script language="JavaScript">
<!-
 document.onmousemove = verschiebe;
 function verschiebe()
 {
   a = document.getElementById('lay1');
   a.style.left = (parseInt(window.event.offsetX)+20)+'px';
   a.style.top = (parseInt(window.event.offsetY)+20)+'px';
 }
//->
</script>
```

Ereignisse bei Netscape, Firefox und Opera

Im Gegensatz zum Internet Explorer handhaben fast alle anderen Browser die Behandlung von Ereignissen ohne ein window.event-Objekt. Hier wird stattdessen automatisch ein eigenes Ereignis-Objekt an die Funktion übergeben, die das Ereignis behandelt. Nachteil des Ganzen: Es funktioniert nur bei Ereignissen, die innerhalb von JavaScript definiert wurden – bei HTML-Ereignissen klappt es nicht. Zudem heißen hier die Eigenschaften teils ein wenig anders. Statt srcElement schreibt man z. B. target, keyCode heißt hier which und statt offsetX und offsetY verwendet man pageX und pageY. Das Beispiel von oben müsste für alle anderen Browser also so aussehen:

```
<div style="position:absolute;" id="lay1">Ich folge der
Maus!</div>
```

```
<script language="JavaScript">
<!-
 document.onmousemove = verschiebe;
 function verschiebe(e)
 {

  a = document.getElementById('lay1');
  a.style.left = (parseInt(e.pageX)+20)+'px';
  a.style.top = (parseInt(e.pageY)+20)+'px';
 }

//->
</script>
```

Einheitliche Ereignisbehandlung

Will man nicht jedes Mal erst prüfen, um welchen Browser es sich handelt, empfiehlt es sich, die Ereignisbehandlung zu vereinheitlichen. Hierzu werden einfach dem Ereignis-Objekt diejenigen Eigenschaften hinzugefügt, die ihm aufgrund des verwendeten Browsers noch fehlen. Das folgende Beispiel entspricht wiederum den beiden Vorgängern, nur eben jetzt mit der Unterstützung für alle Browser:

```
<div style="position:absolute;" id="lay1">Ich folge der
Maus!</div>

<script language="JavaScript">
<!-
 function normalizeEvent(e)
 {
  if(window.event){e = window.event;}
  if(e.pageX)
  {
   e.offsetX = e.pageX;
   e.offsetY = e.pageY;
  }
```

```
else if(e.offsetX)
{
 e.pageX = e.offsetX;
 e.pageY = e.offsetY;
}

if(e.target){e.srcElement = e.target;}
else if(e.srcElement){e.target = e.srcElement;}

//usw.

return e;
}

document.onmousemove = verschiebe;
function verschiebe(e)
{
 e = normalizeEvent(e);
 a = document.getElementById('lay1');
 a.style.left = (parseInt(e.pageX)+20)+'px';
 a.style.top = (parseInt(e.pageY)+20)+'px';
}

//->
</script>
```

DHTML – Praxisbeispiele

Das erfahren Sie in diesem Kapitel:

- *Wie Sie mit DHTML ein Dropdown-Menü umsetzen*
- *Wie Sie per Drag&Drop einen dynamischen Warenkorb erstellen*

5.1 Dropdown-Menü mit DHTML

Dropdown-Menüs sind eines der klassischen Beispiele für den Einsatz von DHTML. Oder anders formuliert: Ohne DHTML sind derartige Menüs nur schlecht umsetzbar. Dabei ist ein derartiges Menü recht einfach umzusetzen:

Das Menü wird zunächst normal in HTML erstellt. Hierbei wichtig ist die Verwendung und Stellung verschiedener <div>s, um diese am richtigen Ort positionieren zu können. Als Grundlage für unser Beispiel soll uns folgende Menüstruktur dienen:

- Start
- Angelbedarf
  - Angelrute
  - Haken
  - Köder
- Anglerplätze
  - Berlin
  - Hamburg
  - München
- Impressum

Es gibt also zwei Menüebenen. Bewegt man die Maus über *Angelbedarf*, sollen die restlichen Einträge automatisch ausklappen und sichtbar werden. Als HTML-Code mit <div>s umgesetzt, sieht das Ganze dann z. B. so aus:

```
<table>
 <tr>
  <td><a href="/">Start</a></td>
  <td>
   <div style="position:relative;">
    Angelbedarf
```

```
<div style="position:absolute; left:0px; top:20px;
  background:white; border:1px solid black;
  border-top-width:0px; width:100%">
  <table>
   <tr><td><a href="rute.htm">Angelrute</a></td></tr>
   <tr><td><a href="haken.htm">Harken</a></td></tr>
   <tr><td><a href="koeder.htm">Köder</a></td></tr>
  </table>
  </div>
 </div>
</td>
<td>
 <div style="position:relative;">
  Angelplätze
  <div style="position:absolute; left:0px; top:20px;
  background:white; border:1px solid black;
  border-top-width:0px; width:100%">
  <table>
   <tr><td><a href="berlin.htm">Berlin</a></td></tr>
   <tr><td><a href="hamburg.htm">Hamburg</a></td></tr>
   <tr><td><a href="muenchen.htm">München</a></td></tr>
  </table>
  </div>
 </div>
</td>
<td><a href="impressum.htm">Impressum</a> </td>
</tr>
</table>
```

Und im Browser sieht es dann in etwa so aus (auf weitere Verzierungen haben
wir verzichtet, sie können aber natürlich gern noch eingebaut werden):

Abbildung 21 ~ Das noch „rohe" Menü im Browser

Ein- und Ausblenden vorbereiten

Das Menü steht soweit fertig vor uns, nun müssen wir lediglich noch dafür sorgen, dass beim Überfahren mit der Maus die Untermenüs angezeigt und beim Verlassen wieder ausgeblendet werden.

Damit dies geschehen kann, geben wir den beiden Untermenü-<div>s zunächst jeweils eine eindeutige ID, wir verwenden hier menu1 und menu2. Außerdem erhalten die zwei äußeren <div>s jeweils die zwei Ereignisse onmouseover und onmousemove. Der Abschnitt für die Angelplätze sähe dann beispielsweise so aus:

```
...
<td>
  <div style="position:relative;" onmouseover="zeige('2')"
  onmousemove="zeige('2')">
  Angelplätze
  <div id="menu2" style="position:absolute; left:0px;
    top:20px; background:white; border:1px solid black;
    border-top-width:0px; width:100%; display:none;">
```

```
<table>
 <tr><td><a href="berlin.htm">Berlin</a></td></tr>
 <tr><td><a href="hamburg.htm">Hamburg</a></td></tr>
 <tr><td><a href="muenchen.htm">München</a></td></tr>
 </table>
 </div>
 </div>
</td>
 ...
```

Wie hier zu sehen ist, wurden die beiden Ereignisse auch gleich mit einer Funktion namens zeige verknüpft, der als Parameter eine Zahl übergeben wird. Die Zahl dient uns hier zur Identifikation des Menüpunkts, der gerade angezeigt werden soll: Der Angelbedarf hat die 1 und die Angelplätze bekommen die 2.

Ein- und Ausblenden

Um das Ein- und Ausblenden dann durchzuführen, reicht ein einfach gestricktes Skript:

```
<skript language="JavaScript">
<!-
 var anzeigen = new Array();

 function zeige(z)
 {
  s = document.getElementById('menu'+z);
  s.style.display = 'block'; //zeigt das Objekt an

  //alle anderen schließen
  for(i=0;i<anzeigen.length;i++)
  {
   window.clearTimeout(anzeigen[z]); //evtl. Timouts löschen
   if(i != z){verstecke(i);} //alle anderen verstecken
```

```
    }
    anzeigen[z] = window.setTimeout('verstecke('+z+')',3000);
    //nach 3 Sek. automatisch wieder ausblenden
}

function verstecke(z)
{
    s = document.getElementById('menu'+z);
    if(s)
    {
        s.style.display = 'none'; //blendet das Element aus
    }
}

//->
</script>
```

Was hier passiert, ist schnell erklärt: Zunächst erstellen wir ein Array, in dem wir speichern, welche Menüs gerade heruntergeklappt sind. Da wir die Menüs durchnummeriert haben, können wir hier den Index des Arrays dem Menü gleichsetzen. Ist also beispielsweise anzeigen[5] größer als 0, wird das Menü mit der ID menu5 gerade angezeigt. In unserer zeige-Funktion, die mit den Ereignissen verknüpft ist, braucht jetzt lediglich der aktuelle Menüpunkt angezeigt (s.style.display = block) sowie anschließend alle anderen, die noch offen sind, ausgeblendet zu werden. Zum Ausblenden gibt es wiederum die Funktion verstecke, die zum einen direkt und zum anderen per Timer angesprochen wird: Hat der User mindestens drei Sekunden lang die Maus über dem Menü nicht bewegt oder bereits aus dem Menü herausbewegt, wird automatisch verstecke aufgerufen und das Menü wieder ausgeblendet.

Das Skript funktioniert dank seiner Einfachheit mit quasi allen aktuellen Browsern – nur bei einigen älteren, die document.getElementById nicht kennen, gibt es entsprechend Schwierigkeiten.

5.2 Drag&Drop: Warenkorb mit DHTML

Die zweite wichtige Funktion von DHTML soll nun anhand eines Warenkorbs gezeigt werden: Drag&Drop, also das Repositionieren eines Objekts nach einem bestimmten Ereignis. In unserem Fall wollen wir einen kleinen Warenkorb basteln, bei dem der Nutzer das Produkt seiner Wahl anfassen (drag), zum Warenkorb ziehen und in den Warenkorb hineinfallen lassen (drop) kann – ganz wie man es im echten Leben im Supermarkt ja auch mit der gekauften Ware tun würde.

Vorbereitung

Zunächst brauchen wir ein kleines Grundgerüst, d. h. unsere Produktpräsentation. In unserem Fall reicht dazu eine kleine Tabelle, da es sich ja nur um ein Beispiel handelt. Jedes Produkt wird hier mit einem <span> umschlossen und bekommt eine ID der Form „buchx", wobei das x jeweils durchnummeriert wird. Außerdem benötigen wir einen Warenkorb-Bereich, in den wir die Produkte hineinlegen können. Hierzu dient uns einfach eine eingefärbte Tabellenzelle, die mit der ID „korb" versehen wird:

```
<table>
 <tr>
  <td colspan="2">Bücher bestellen</td>
  <td id="korb" style="border:1px solid #DFDFDF;
   background-color:#AEC8F7;" valign="top" rowspan="3">
   <b>Warenkorb</b><br>
   Greifen Sie das Produkt und packen Sie es
   einfach hier in den Warenkorb!<br>
  </td>
 </tr>
 <tr>
  <td><span id="buch1" style="cursor:hand;"><img
      src="produkt1.jpg"></span></td>
  <td><span id="buch2" style="cursor:hand;"><img
      src="produkt2.jpg"></span></td>
```

Kapitel 5 ~ DHTML – Praxisbeispiele

```
    </tr>
    <tr>
    <td><span id="buch3" style="cursor:hand;"><img
        src="produkt3.jpg"></span></td>
    <td><span id="buch4" style="cursor:hand;"><img
        src="produkt4.jpg"></span></td>
    </tr>
</table>
```

Drag ...

Unsere Produkte sind soweit vorbereitet, nun kommt der schwierige Teil. Als Erstes müssen wir den Produkten beibringen, sich greifen zu lassen. Hierzu speichern wir eine Variable, die jeweils das aktuell gegriffene Objekt enthält. Wird die Maustaste gedrückt (onmousedown), schauen wir, ob das Objekt, über dem die Maustaste gedrückt wurde, eine ID besitzt, die „buch*" lautet. Ist dem so, wird das Objekt angepackt – ansonsten ignoriert. Das Ganze sieht dann in etwa so aus:

```
var dragobj = null;

function dodrag(e)
{
  //das Event für Internet Explorer und Firefox vorbereiten
  if(window.event){o = window.event.srcElement;}
  else{o = e.target};
  if(!o){return} //anderer Browser?

  //schauen, ob der Drag über unserem Buch passiert ist, dazu
  //das Eltern-Element und dessen Eltern (usw.) durchsuchen
  while(o != null && (!o.id || o.id.substr(0,4) != 'buch'))
  {
    if(o.parentNode){o = o.parentNode;}
    else
    {
      o = null;
```

```
      break; //beim Fenster angekommen ohne etwas zu finden
    }
  }
  if(o != null && o.id && o.id.substr(0,4) == 'buch')
  {
    dragobj = o;
  }
  else{dragobj = null;}
}


document.onmousedown = dodrag;
```

... Move ...

Das nun angepackte Objekt muss als Nächstes nun der Maus folgen, damit es
so aussieht, als würde man es ziehen. Hierzu wird einfach beim Bewegen der
Maus (onmousemove) das aktuell angepackte Objekt entsprechend verschoben:

```
function domove(e)
{
  if(dragobj == null){return ;} //kein Drag dann auch kein Move

  //das Event für Internet Explorer und Firefox vorbereiten
  if(window.event){e = window.event;}
  if(!e){return} //anderer Browser?

  //x und y an die Browser anpassen
  x = 0; y = 0;
  if(e.clientX){x = e.clientX; y = e.clientY;}
  if(e.offsetLeft){x = e.offsetLeft; y = e.offsetTop;}
  if(e.pageX){x = e.pageX; y = e.pageY;}

  //... und das Objekt verschieben (neu positionieren)
  dragobj.style.position = 'absolute';
  dragobj.style.left = (x+2)+'px';
```

```
dragobj.style.top = (y+2)+'px';
  return false;
}
document.onmousemove = domove;
```

... Drop

Zu guter Letzt fehlt noch das Ablegen des Produkts im Warenkorb. Hierzu müssen wir zum einen prüfen, ob sich die Maus zum „Loslassen-Zeitpunkt" (onmouseup) wirklich über dem Warenkorb befindet. Sollte dem nicht so sein, stellen wir das Produkt einfach wieder ins „Regal" zurück. Befindet sich die Maus über dem Warenkorb, kopieren wir das Produkt mit der cloneNode-Methode und fügen es als neues Element mit neuer ID an unseren Warenkorb an:

```
function dodrop(e)
{
  if(dragobj == null){return ;} //kein Drag dann auch kein Drop

  //das Event für Internet Explorer und Firefox vorbereiten
  if(window.event){o = window.event.srcElement;}
  else{o = e.target};
  if(!o){return}

  //prüfen, ob der Drop über dem Warenkorb erfolgt ist
  while(o.id != 'korb')
  {
    if(o.parentNode){o = o.parentNode;}
    else
    {
     o = null;
     break; //kein Warenkorb gefunden
    }
```

```
}
if(o != null && o.id == 'korb')
{
  if(dragobj.id.indexOf('_n')== -1)
  {
    //Buch clonen und neu positionieren
    n = dragobj.cloneNode(true);
    n.id = dragobj.id+'_n';
    n.style.position = '';
    n.style.left = 0;
    n.style.top = 0;
    o.appendChild(n); //an den Warenkorb anfügen
  }
}
else
{
  if(dragobj.id.indexOf('_n')>-1)
  {
    //Objekt wurde aus dem Warenkorb herausgezogen, also
    //löschen wir es
    dragobj.removeNode(true);
  }
}

//alles wieder zurücksetzen
dragobj.style.position = '';
dragobj.style.left = 0;
dragobj.style.top = 0;
dragobj = null;
return false;
}

document.onmouseup = dodrop;
```

Ebenfalls wichtig: Damit man Produkte auch wieder aus dem Warenkorb löschen kann, wird bei Objekten, die aus dem Warenkorb herausgeschoben werden (besitzen dann eine ID „buch*_n"), einfach per removeNode das jeweilige Element gelöscht.

Alles in allem könnte Ihr Drag&Drop-Warenkorb mit DHTML dann z. B. so aussehen:

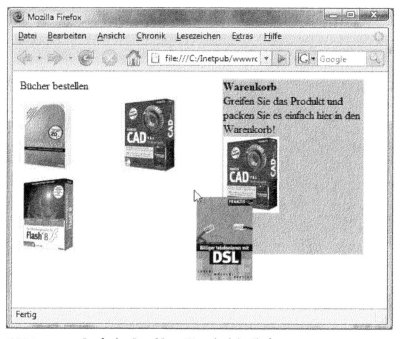

Abbildung 22 ~ **Der fertige Drag&Drop-Warenkorb im Firefox**

Um das Ganze jetzt noch abzurunden, können Sie den Warenkorb nun mit Ajax-Funktionen erweitern – schließlich muss im Regelfall die Information über die im Warenkorb befindlichen Produkte noch zum Server übermittelt werden, wofür Ajax bestens geeignet ist.

Interaktion mit Ajax

Das erfahren Sie in diesem Kapitel:

- *Was Ajax ist und wie Sie damit umgehen*
- *Wie Sie Daten abrufen und verarbeiten*
- *Wie Sie XML-Daten mit JavaScript durchsuchen*

6.1 Einführung

Wie in den vorangegangenen Kapiteln bereits erwähnt, ist Ajax derzeit eines der heißesten Themen in Programmiererkreisen. Kaum etwas schafft es, derartige Euphorie auszulösen: Jeder, der etwas auf sich hält, setzt irgendwie in irgendeiner Form Ajax auf seiner Seite ein.

Was ist Ajax?

Was ist Ajax eigentlich? Woher der Name Ajax ursprünglich stammt, ist leider nicht mehr übermittelt; mittlerweile wird er jedoch als Akronym für die Worte **A**synchronous **J**avascript **a**nd **X**ML, manchmal auch **A**synchronous **J**avascript+**A**ctiveX+**X**ML oder nur **A**synchronous **J**avascript+**A**ctiveX verwendet. Ähnlich wie bei DHTML handelt es sich dabei also nicht um eine neue Technologie oder Programmiersprache, sondern lediglich wiederum um eine Sammlung von Techniken, deren gemeinsamer Einsatz einen neuen Namen bekommen hat.

Aus den Bestandteilen leitet sich dabei recht einfach die Funktionsweise ab: Innerhalb von JavaScript werden asynchron XML-Daten abgefragt. Die Abfrage der Daten geschieht hierbei in der Regel via HTTP mithilfe eines speziellen JavaScript-Objekts, welches im Mozilla Firefox bereits integriert und in Microsofts Internet Explorer via ActiveX erreichbar ist (deshalb gelegentlich auch die Namensnennung mit ActiveX im Mittelteil). Die abgefragten Daten müssen dabei nicht zwangsläufig XML-Daten sein. Da es sich jedoch in der Regel um in irgendeiner Form sinnvoll geordnete Daten handelt, stellt XML hier meist die erste und einfachste Wahl dar.

Wozu Ajax?

Neben der Frage nach der Funktionsweise lässt sich auch die Frage nach dem Nutzen aus den Bestandteilen herleiten: Ajax kann immer dann für Erleichterung einer Anwendung sorgen, wenn es darum geht, bestimmte Daten zeitnah, aber nachträglich abzurufen. Klassisches Beispiel für solch eine Anwendung ist ein Suchfeld, welches während der Eingabe der ersten Buchstaben bereits mögliche Worte und erste Ergebnisse liefert. Zudem kann Ajax z. B. immer dann sinnvoll eingesetzt werden, wenn es darum geht, Daten an den Server zu senden, ohne dass dazu ein Neuladen der gesamten Webseite notwendig ist. Letztlich vereinfacht Ajax damit die Handhabung einer Anwendung, kann diese um neue Funktionen erweitern und damit leistungsfähiger machen. In den seltensten Fällen ist Ajax selbst dabei die Anwendung – oftmals bildet Ajax hier nur einen kleinen Teil zur Unterstützung einer bereits bestehenden Anwendung.

Abbildung 23 ~ Klassisches Ajax-Beispiel ist die Livesuche von *Google Suggest*.

Voraussetzungen

Die Nutzung von Ajax ist bei aktuellen Browsern eigentlich kein größeres Problem, da sich für quasi alle ein passender Weg finden lässt. Für Microsofts Internet Explorer gilt dies ab der Version 5.0, der Mozilla Firefox „kann" Ajax ab der Version 1.0 und Opera ab 8.0. Clientseitig sind bei den meisten Benutzern damit die Voraussetzungen gegeben.

Da Ajax allerdings nicht nur aus dem Abruf von Daten besteht, sondern auch aus den abgerufenen Daten, ist in vielen Fällen neben der clientseitigen Programmierung zudem ein serverseitiger Bestandteil notwendig, der die Auswahl der Daten vornimmt und sie so liefert, dass sie vom Client verstanden und verarbeitet werden können. In der Regel übernehmen dies PHP oder ASP(.NET)-Anwendungen, gelegentlich auch JSP oder Python usw. Zudem existieren zahlreiche sogenannte Ajax-Frameworks, welche ein reibungsloseres Zusammenspiel zwischen Client und Server durch einheitliche Methoden ermöglichen sollen – die wichtigsten davon stellen wir Ihnen im Kapitel 7 „Einfacher arbeiten mit Ajax -Frameworks" vor.

Vor- und Nachteile

Die Vorteile von Ajax liegen klar auf der Hand: Bestehende Anwendungen werden durch Ajax teilweise deutlich nutzerfreundlicher, besser verwendbar und schneller. Oftmals ist schon der Faktor, dass die Seite nicht nochmals neu geladen werden muss, um bestimmte Zwischenschritte zu erreichen, von entscheidender Wirkung für eine Anwendung.

Die Nachteile von Ajax liegen gleichwohl im Wesen von Ajax: Als eine von abgerufenen Daten abhängige Technik ist eine Anwendung, die Ajax verwendet, auf eine ständige Internetanbindung angewiesen, die gegebenenfalls zudem einer bestimmten Geschwindigkeit entsprechen muss, um die geforderten Daten innerhalb einer relevanten Zeitspanne zurückzuliefern. Als zweites Problem kommt die bereits von DHTML bekannte Browserschwäche hinzu, die es erfordert, für verschiedene Browser verschiedene Lösungswege bereitzustellen um möglichst alle Nutzer bedienen zu können.

Zudem stellt in einigen Fällen das Handling der Asynchronität ein gewisses Problem dar. Gerade in Fällen, in denen Eingaben eindeutig sein müssen, kann es aufgrund von Mehrfachanfragen oder parallelen Abläufen zu Fehlern kommen.

6.2 Daten abrufen

Der wichtigste Bestandteil einer jeden Ajax-Anwendung ist das Abfragen der Daten. Dies geschieht in der Regel via HTTP, wofür JavaScript ein spezielles Objekt, XMLHttpRequest genannt, bereitstellt. Beispiel:

```
o = ncw XMLHtlpRequest ();
```

Da dieses Objekt allerdings nicht vom Internet Explorer 5.x bzw. 6.x zur Verfügung gestellt wird, diese aber immer noch einen nicht zu vernachlässigenden Marktanteil aufweisen, muss für diese Browser der Umweg über ActiveX gegangen werden. Hierzu wird ein ActiveXObject vom Typ Msxml2.XMLHTTP oder, wenn dieses ebenfalls nicht verfügbar ist, Microsoft.XMLHTTP erzeugt. Eine passende Abfrage dafür könnte z. B. so aussehen:

```
o = null;

 if(window.XMLHttpRequest)
 {
  o = new XMLHttpRequest();
 }
 else if(window.ActiveXObject)
 {
  try
  {
   o = new ActiveXObject('Msxml2.XMLHTTP');
```

```
    }
    catch(e1)
    {
      try
      {
        o = new ActiveXObject('Microsoft.XMLHTTP');
      }
      catch(e2)
      {
      }
    }
  }
```

Das Resultat dessen ist immer das gleiche: Man erhält ein Objekt, welches mit diversen Methoden zum Abruf von XML-Daten via HTTP ausgestattet ist. Das XMLHttpRequest-Objekt wird zudem derzeit innerhalb eines sogenannten W3C Working Draft behandelt, womit es von einem kleinen Feature zu einem Quasi-Standard aufgestiegen ist.

Exkurs HTTP

Steht das Objekt zur Datenabfrage zur Verfügung, geht es an die eigentliche Abfrage. Hierzu sind einige Grundlagen in Sachen HTTP notwendig, um zu verstehen, wie eine solche Abfrage sich auf die einzelnen Bestandteile auswirkt bzw. was genau passiert.

HTTP-Request

Um Daten, etwa eine Webseite oder die in Ajax benötigte Datei zu erhalten, baut der Client zunächst eine normale TCP/IP-Verbindung zum Server auf. Steht die Verbindung, sendet der Client automatisch den sogenannten HTTP-Request, also die Anfrage nach der gewünschten Datei. Hierzu stehen dem Client mehrere Anfragetypen zur Verfügung, die es z. B. erlauben, Formulardaten der Anfrage zur Verarbeitung „beizugeben", oder den Server anweisen, nur einzelne Informationen und nicht die komplette Datei zurückzugeben. Ein solcher HTTP-Request könnte z. B. so aussehen:

```
GET /index.php HTTP/1.1
Host: www.html-world.de
User-Agent: Mozilla/4.0
Accept: text/html, */*
Connection: Keep-Alive
```

Der Client teilt dem Server hier mit, er möchte gern die Datei /index.php vom Host www.html-world.de abrufen (GET). Außerdem liefert er Informationen zu sich selbst (User-Agent) sowie zu den als Antwort erwarteten Dateitypen (Accept) und dem gewünschten Verbindungstyp (Connection).

HTTP-Response

Hat der Client den Request abgesetzt, wird vom Server eine Antwort, der sogenannte HTTP-Response, zurückgeschickt. Je nach Antwortmöglichkeit (geforderte Datei? geforderter Typ? existiert die Datei? usw.) enthält dieser Response die gewünschten Informationen, die angeforderte Datei bzw. eine entsprechende Fehlermeldung. Ein möglicher Response auf den oben gezeigten Request könnte z. B. so aussehen:

```
HTTP/1.1 200 OK
Date: Thu, 15 Jul 2004 19:20:21 GMT
Server: Apache/1.3.5 (Unix)
Accept-Ranges: bytes
Content-length: 46
Connection: close
Content-type: text/html

<h1>Antwort</h1>
<p>Ich bin eine Antwort</p>
```

Darin enthalten sind neben dem Statuscode (erste Zeile) auch Informationen zum Server, der gelieferten Datei sowie der Dateicode selbst (am Ende).

Request absetzen

Für alle Vorgänge rund um HTTP steht uns das bereits erwähnte XMLHTTPRequest-Objekt zur Verfügung. Es ermöglicht es, einen Request zu formulieren, abzusetzen, den Response entgegenzunehmen und die gelieferten Daten sinnvoll zu verarbeiten.

Um den Request zu formulieren, wird die open-Methode verwendet. Sie erwartet bis zu fünf Parameter, wovon die letzten drei optional sind. Die einzelnen Parameter sind (in dieser Reihenfolge):

- HTTP-Methode – hier stehen GET (Datei abrufen), POST (Datei abrufen und Formulardaten senden), PUT (Datei hochladen) und PROPFIND (Informationen zu verfügbaren Methoden) zur Verfügung. Eingesetzt wird in der Regel allerdings nur GET und selten POST – die anderen beiden spielen kaum eine Rolle.
- URL – die URL der abzurufenden Datei inkl. möglicher Parameter
- Asynchron – Boolean, ob der Request synchron (das Skript pausiert, solange auf die Antwort gewartet wird) oder asynchron (das Skript wird fortgesetzt) erfolgen soll. In der Regel wird hier true (asynchron) verwendet.
- Username – gegebenenfalls zu verwendender Username für die HTTP-Anfrage.
- Passwort – zum Usernamen gehörendes Passwort.

Wurde der Request formuliert, wird er mit der send-Methode abgeschickt. Beispiel:

```
o = null;

if(window.XMLHttpRequest)
```

```
{
 o = new XMLHttpRequest();
}
else if(window.ActiveXObject)
{
 try
 {
  o = new ActiveXObject('Msxml2.XMLHTTP');
 }
 catch(e1)
 {
  try
  {
   o = new ActiveXObject('Microsoft.XMLHTTP');
  }
  catch(e2)
  {
  }
 }
}

if(o != null)
{
 o.open('GET','http://www.meineseite.de/index.php',true);
 o.send(null);
}
```

Parameter senden

In den meisten Fällen ist es notwendig, dass mit dem Request zusätzliche Daten an den Server geschickt werden, damit er diese verarbeiten und dann ein besseres Ergebnis liefern kann. Dies kann prinzipiell auf drei verschiedenen Wegen geschehen:

▓ Daten per GET – hierzu werden die zu sendenden Daten als Parameter an die URL angehängt. Beispiel:

```
o.open('GET','http://www.meineseite.de/rechne.php'+
    '?x=23&y=21');
```

▓ Daten per POST – hierzu werden die Daten wie beim Absenden eines HTML-Formulars mittels der HTTP-POST-Methode als Request-Body mitgesendet. Die zu sendenden Daten werden hierbei als String an die send-Methode übergeben. Je nach Typ der Daten muss zudem noch der HTTP-Header Content-Type gesetzt werden, damit ihn der Server korrekt verarbeiten kann. Das Setzen des Headers übernimmt die Methode setRequestHeader. Beispiel:

```
o.open('POST','http://www.meineseite.de/rechne.php',
                                            true);
o.onreadystatechange = schreibeText;
o.setRequestHeader('Content-Type',
            'application/x-www-form-urlencoded');
o.send('x=23&y=21');
```

▓ Daten per HTTP-Header – hierbei werden die Daten als zusätzlicher HTTP-Header übergeben. Beispiel:

```
o.open('GET','http://www.meineseite.de/rechne.php',
                                            true);
o.onreadystatechange = schreibeText;
o.setRequestHeader('x','23');
o.setRequestHeader('y','21');
o.send(null);
```

Response entgegennehmen

Je nach Zielsetzung ist das Absetzen des Requests in einigen Fällen schon völlig ausreichend – insbesondere dann, wenn egal ist, ob oder wie der Server reagiert. In allen anderen Fällen muss der Response des Servers abgewartet und ausgewertet werden.

Synchrone Requests

Werden synchrone Requests verwendet, ist das Entgegennehmen des Response relativ einfach, da der Programmverlauf so lange pausiert, bis das Absenden des Requests zu einem Response oder zumindest zu einem Fehler geführt hat. In diesem Fall kann nach dem Aufruf der send-Methode die passende Eigenschaft responseText (gibt die Antwort als Text zurück) bzw. responseXML (gibt die Antwort als XML-Objekt zurück) einfach abgefragt und ausgewertet werden. Beispiel·

```
o.open('GET','http://www.meinserver.de/daten.txt',false);
o.send(null);
document.writeln(o.responseText);
```

Asynchrone Requests

Da gerade bei langsamen Verbindungen oder größeren zu übertragenen Datenmengen die Zeitspanne recht lang werden kann, bis die Pause nach dem Aufruf der send-Methode beendet ist, verwendet man normalerweise die asynchrone Übertragung (deshalb ja eben auch Asynchronous JavaScript and XML). Da hierbei sofort nach dem Aufruf der send-Methode mit dem folgenden Code fortgesetzt wird – auch wenn der Response des Servers noch nicht oder nicht vollständig eingetroffen ist –, hat das XMLHttpRequest-Objekt die Möglichkeit, sich über ein Ereignis informieren zu lassen. Das hier notwendige Event heißt onreadystatechange und tritt immer dann ein, wenn sich etwas am Status des Objekts ändert. Beispiel:

```
function schreibeText()
 {
   if(o.readyState == 4 && o.status == 200)
   {
    document.writeln(o.responseText);
   }
 }

 if(o != null)
 {
   o.open('GET','http://www.meineseite.de/daten.txt',true);
   o.onreadystatechange = schreibeText;
   o.send(null);
 }
```

Die Eigenschaft status gibt hier den HTTP-Statuscode an – der Wert 200 entspricht „Ok", die Datei existiert also und wurde vom Server geschickt. Die Eigenschaft readyState gibt hier den Verbindungsstatus des Objekts an. Folgende Werte sind möglich:

- 0 – Bisher ist noch nichts passiert.
- 1 – Die Verbindung ist offen, open-Methode wurde aufgerufen, send ist aber noch nicht erfolgt oder läuft derzeit.
- 2 – Die send-Methode wurde aufgerufen und der Request abgeschickt.
- 3 – Die Daten werden empfangen.
- 4 – Die Daten sind komplett geladen.

Response abbrechen

Für den Fall, dass der Response einmal zu lange auf sich warten lässt, kann er mithilfe der abort-Methode abgebrochen werden. Beispiel:

```
o.open('GET','http://www.meineseite.de/ganzviel.txt');
o.onreadystatechange = schreibeText;
window.setTimeout('if(o.readyState<4){o.abort();}',10000);
o.send(null);
```

Response-Header auswerten

Das Auswerten der Response-Header – also der Zusatzinformationen, die via HTTP vom Server neben der eigentlichen Datei mitgeschickt werden – ist in den wenigsten Fällen nötig. Ist dies nötig, kann die getResponseHeader-Methode dazu verwendet werden, den Wert eines einzelnen Headers zurückzugeben. Alternativ können mittels getAllResponseHeaders gleich alle Headerdaten auf einen Schlag angezeigt werden. Beispiel:

```
o.open('GET','http://www.meincseite.de/seite.php');
o.onreadystatechange = function ()
{
  if(o.readyState == 4 && o.status != 200)
  {
    document.writeln('Es gab einen Fehler:\n'+
    o.getAllResponseHeaders());
  }
};
o.send(null);
```

6.3   XML & JavaScript

Ist der Request abgeschickt und der Response empfangen, kann damit begonnen werden, die eingehenden Daten auszuwerten und entsprechend ihrer Bestimmung zu verarbeiten.

Exkurs XML

Was ist XML eigentlich? Einfach gesprochen ist XML ein Dateiformat für Text-daten, welches aufgrund seiner Struktur eindeutig interpretierbar ist und daher auch von einem Computer einfach verstanden werden kann. XML-Dateien sehen dabei nicht viel anders aus als normale HTML-Dateien – in Form von XHTML handelt es sich bei den HTML-Daten sogar tatsächlich um XML-Daten. XML selbst stellt dabei die Grundlage – sozusagen die Beschreibung – bereit, wie Dateien aufgebaut sein müssen, damit sie verstanden werden können. Hierzu gehört etwa, dass geöffnete Tags auch wieder geschlossen werden müssen, dass Attributwerte immer mit doppelten Anführungszeichen (") umschlossen werden müssen und noch vieles mehr. Darüber hinaus sind mit XML „eigene" Elemente realisierbar und mit passenden Inhalten füllbar. Damit wird es möglich, Daten in einem individuellen Format zu hinterlegen und anschließend mit JavaScript wieder sinnvoll auszulesen. So kann etwa ein Element Adresse angelegt werden, um darin speziell Adressdaten zu speichern, oder ein Element Telefon, um darin eben eine Telefonnummer zu speichern. Beispiel für eine einfache XML-Datei:

```xml
<?xml version="1.0"?>
<Adressbuch>
 <Kunde Name="Max Mustermann">
  <Adresse>
   <Strasse>Musterstrasse 14</Strasse>
   <PLZ>12345</PLZ>
   <Ort>Mustehausen</Ort>
  </Adresse>
 </Kunde>
 <Kunde Name="August Ausgedacht">
  <Adresse>
   <Strasse>Gibts-Nicht-Weg 37</Strasse>
   <PLZ>67890</PLZ>
   <Ort>Augsburg</Ort>
  </Adresse>
 </Kunde>
</Adressbuch>
```

XML mit JavaScript verarbeiten

Zur Verarbeitung von XML-Daten stehen ebenso wie bei normalen HTML-Dokumenten zahlreiche Objekte, Methoden und Eigenschaften zur Verfügung, die den Zugriff auf die gesuchten Informationen ermöglichen. Das wichtigste Objekt ist hier das XML-Dokument selbst, welches von der responseXML-Eigenschaft des XMLHttpRequest-Objekts zur Verfügung gestellt wird. Es stellt wiederum Eigenschaften, Methoden und Unterobjekte zur Verfügung, die den Zugriff auf die untergeordneten XML-Elemente ermöglichen. Hierbei ebenfalls wichtig ist das documentElement-Objekt, welches alle Elemente der XML-Datei beinhaltet und damit für jeden Zugriff sozusagen der Ausgangspunkt ist. Beispiel:

```
o.open('GET','hLLp://meineseite.de/kunden.xml',false);
o.send(null);

x = o.responseXML.documentElement;
document.writeln('Kunden:<br>');
for(i=0;i<x.childNodes.length;i++)
{
  kunde = x.childNodes[i];
  if(kunde.nodeType == 1)
  {
    name = kunde.getAttribute('Name');
    document.writeln(name+'<br>');
  }
}
```

Jedes XML-Element wird dabei gleich behandelt und besitzt die gleichen Eigenschaften, Methoden und Unterobjekte. So besitzt z. B. jedes Element das Unterobjekt childNodes, mit dessen Hilfe auf alle Unterknoten (weitere Elemente, Kommentare, Textabschnitte usw.) zugegriffen werden kann.

XML-Element im Überblick

Die wichtigsten Eigenschaften, die jedes XML-Element besitzt, sind u. a.:

- childNodes – Unterelement, vergleichbar mit einem Array aller Unterknoten. Die einzelnen Knoten können der Reihenfolge nach per Index angesprochen werden. Achtung: Internet Explorer und Firefox verhalten sich hier ein wenig unterschiedlich.
- nodeName – gibt den Namen des Knotens an. Bei Elementen ist dies der Elementname, bei Attributen der Attributname usw.
- nodeType – gibt den Typ des Knotens an. Mögliche Werte sind u.a. 1 (Element), 2 (Attribut), 3 (Text), 8 (Kommentar).
- nodeValue – gibt den Wert des Knotens. Bei Attributknoten ist dies der Attributwert, bei Kommentaren der Kommentar selbst. Bei Elementen ist dieser Wert leer bzw. null.
- parentNode – gibt den Elternknoten an.
- tagName – gibt den Tag-Namen (<name ...>) an.

... und folgende Methoden:

- getAttribute(Name) – gibt den zum übergebenen Attributnamen definierten Wert an.
- getElementsByTagName(Name) – gibt ein Array aller Unterelemente an, die den übergebenen Namen tragen (<name ...>).
- hasChildNodes() – gibt an, ob das Element weitere Unterknoten besitzt (true) oder nicht (false).

6.4 Andere Formen von Ajax

Je nachdem, welches Ziel mit dem Einsatz von Ajax-Techniken verfolgt wird, kann es sich unter Umständen herausstellen, dass einzelne Bestandteile zu kompliziert sind bzw. das Ziel mit deutlich einfacheren Mitteln erreicht werden kann. Insbesondere das Auslesen und Verarbeiten der XML-Daten stellt oftmals einen nicht unerheblichen Aufwand im Vergleich zum relativ geringen Nutzen dar.

Ajax ohne XML: JSON

Eine Alternative zur Verwendung von XML-Daten ist das sogenannte JSON. Gesprochen wird es wie der amerikanische Name Jason und ist im Prinzip nichts anderes als die einfache Objektschreibweise, die Sie bereits in Kapitel 2.9 kennengelernt haben. In Verbindung mit Ajax geschieht hier Folgendes:

Um das Auslesen und Verarbeiten der per Ajax abgerufenen Daten zu erleichtern, wird vom Server keine XML-Datei, sondern direkt JavaScript-Code ausgegeben. Damit dieser möglichst universell verarbeitet werden kann, erfolgt die Ausgabe der Daten hierbei in Form von einfachen Objekten. Man fragt den Code normal per Ajax ab und führt ihn anschließend mittels der eval-Funktion aus. Diese funktioniert im Prinzip wie das <script> in HTML: Der als String übergebene Wert wird als JavaScript-Code erkannt und ausgeführt. Das im Code enthaltene Objekt wird damit erstellt und kann anschließend verwendet werden.

Der vom Server gelieferte Code könnte z. B. so aussehen:

```
{Name:'Max Mustermann',
 Strasse: 'Musterstrasse 14',
 PLZ:'12345',
 Ort:'Musterhausen'}
```

und wird vom Client dann folgendermaßen verarbeitet:

```
o.open('GET','http://www.meineseite.de/seite.php');
o.onreadystatechange = function ()
{
  if(o.readyState == 4 && o.status != 200)
  {
    kunde = eval(o.responseText);
    document.writeln(kunde.Name+'<br>');
    document.writeln(kunde.Strasse+'<br>');
    document.writeln(kunde.PLZ+' ');
    document.writeln(kunde.Ort+'<br>');
```

```
  }
};
o.send(null);
```

Ajax ohne XMLHttpRequest

Neben der Frage, wie man die XML-Daten sinnvoll verarbeiten kann, taucht in manchen Fällen das Problem auf, dass das zur Übertragung verwendete XMLHttpRequest-Objekt nicht zur Verfügung steht – etwa weil der Browser dies nicht unterstützt. Auch hierfür gibt es in den meisten Fällen eine Lösung.

Daten per IFrame laden

Die einfachste und zugleich gebräuchlichste Lösung, Daten ohne die Verwendung des XMLHttpRequest-Objekts zu laden, ist die Verwendung von IFrames. Hierbei wir in die Seite hinein ein 1x1 Pixel großer <iframe ...> erzeugt, der anschließend angesprochen und in den eine Datei geladen werden kann. Werden neue Daten benötigt, wird dem IFrame einfach eine neue URL zugewiesen und so der Inhalt des IFrames neu geladen. Statt XML-Daten wird in diesem Fall vom Server eine normale HTML-Datei erzeugt, die selbst wiederum ein JavaScript mit entsprechenden Anweisungen beinhaltet. Um etwa wie in den vorangegangenen Beispielen jeweils eine Adresse vom Server abzufragen und anzuzeigen, könnte z. B. folgender Code dienen:

```
document.writeln('<iframe src="about:blank" name="ajaxframe" '+
                 'height="1" width="1" ></iframe>');
parent.ajaxframe.location.href = 'adressen.php';
```

und *adressen.php* könnte dann in etwa so aussehen:

```
<html>
<head></head>
<body >
<script language="JavaScript">
```

```
<!-
 alert('Max Mustermann\n'+
       'Musterstrasse 14\n'+
       '12345 Musterhausen')
//->
</script>
</body>
</html>
```

Daten per Skript laden

Ähnlich wie beim Laden eines IFrames kann auch ein einfaches Skriptelement dazu verwendet werden, Daten dynamisch bei Bedarf nachzuladen. Hierzu erstellt man einfach ein neues script-Element und hängt es an den <head> an. Der Browser lädt das Skript nach und führt es aus. Die so gewonnenen Daten können anschließend entsprechend verarbeitet und angezeigt werden. Einfaches Beispiel für die HTML-Datei:

```
var Head = document.getElementsByTagName("head")[0];
var Skript = document.createElement('script');
Script.setAttribute('type', 'text/javascript');
Script.setAttribute('src', daten.php');
Head.appendChild(Script);
```

In *daten.php* würde dann z. B. Folgendes stehen:

```
var Name = 'Max Mustermann';
var Strasse = 'Musterstrasse 14';
var plzort = '12345 Musterhausen';
var fertiggeladen = true;
```

Der Knackpunkt an dieser Variante liegt darin, dass man nicht genau weiß, ob/wann die Daten geladen sind. Insbesondere wenn sich das geladene Skript nicht selbst ausführt, sondern lediglich Variablen auf einen neuen Wert setzt,

muss irgendwie in Erfahrung gebracht werden, wann und ob das Skript geladen wurde. Hierzu bedient man sich mehrerer Timeouts und prüft regel-
mäßig, ob das Skript angekommen ist:

```
var fertiggeladen = false;
var dl = 0;

function scriptGeladen(callback)
{
  if(!fertiggeladen)
  {
    dl++;
    if(dl>100){return false;}
    window.setTimeout('scriptGeladen("'+callback+'"',500);
    return false;
  }
  eval(callback);
}

function sagan()
{
  alert(Name+'\n'+
        Strasse+'\n'+
        plzort);
}

var Head = document.getElementsByTagName("head")[0];
var Script = document.createElement('script');
Script.setAttribute('type', 'text/javascript');
Script.setAttribute('src', daten.php');
Head.appendChild(Script);
sciptGeladen('sagan()');
```

Daten senden per Image

Noch deutlich einfacher und zudem selbst mit älteren Browsern ist es möglich, wenn es einzig darum geht, Daten an den Server zu senden, ohne dass dazu das Ergebnis vom Browser interessant ist. Hierzu bedient man sich einfach einer Grafik, die geladen und damit vom Server abgerufen wird. Statt eines Bilds lädt man jedoch eine PHP-, ASP- oder andere Datei, und um die Daten an den Server zu übermitteln, werden sie einfach als Parameter mit übergeben. Das Skript kann die Parameter dann auswerten und leitet zu einer echten Grafik weiter. Das Skript dazu könnte z. B. so aussehen:

```
a = new Image();
a.src = 'speichere.php?id=123&wert=7252';
```

oder, sofern der Nutzer eine Rückmeldung über den Zustand bekommen soll, einfach so:

```
<img src="leer.gif" width="20" height="20" name="speichere">
...
<script language="JavaScript">
<!-
  document.speichere.src = 'speichere.php?id=123&wert=7252';
//->
</script>
```

Auf dem Server macht *speichere.php* dann z. B. Folgendes:

```
<?php

mysql_query('INSERT INTO daten (id,wert)
             VALUES("'.addslashes($_GET['id']).'",
                    "'.addslashes($_GET['wert']).'")');
header('Location: gespeichert.jpg');
exit;

?>
```

Für alle PHP-Unerfahrenen: Das Skript schreibt die beiden per Parameter `id` und `wert` übergebenen Daten in die mySQL-Datenbank und leitet den Abruf dann an die Datei *gespeichert.jpg* weiter. Der Besucher sieht also lediglich das Resultat, nämlich die Datei *gespeichert.jpg*, die vielleicht einfach nur ein „OK" oder dergleichen anzeigt.

Einfacher arbeiten mit Ajax-Frameworks

Das erfahren Sie in diesem Kapitel:

- *Welche Frameworks es gibt*
- *Wie Sie diese Frameworks in der Praxis einsetzen*
- *Wie Sie Ajax mit diversen Programmiersprachen kombinieren*

7.1 Einführung

Insbesondere bei größeren Aufgaben können Frameworks die Arbeit deutlich erleichtern. Für nahezu alle Programmiersprachen gibt es entsprechende Frameworks – so auch für Ajax. Die wichtigsten Frameworks für die einzelnen Programmiersprachen wollen wir Ihnen in diesem Kapitel kurz vorstellen.

Was sind Frameworks?

Ein Framework ist so gesehen nichts anderes als eine Bibliothek oder Sammlung von Funktionen und Techniken, um bestimmte Sachverhalte nicht jedes Mal neu programmieren zu müssen. Sie stellen in der Regel deutlich einfachere Schnittstellen für teilweise recht komplexe Sachverhalte zur Verfügung und ermöglichen es so, diese mit wenig Programmieraufwand zu bewerkstelligen. In Bezug auf JavaScript bzw. Ajax liefern diese Frameworks meist eine einfache Verbindungsmöglichkeit zum Server, sodass mit einem einheitlichen vordefinierten Schema die Daten vom Server abgefragt werden können.

Wann brauche ich Frameworks?

Für das kleine eben mal so programmierte Skript brauchen Sie sicher keine Frameworks, wenngleich man selbst hier sicher einiges an Programmieraufwand sparen könnte. Wirklich relevant werden Frameworks allerdings schon bald, nämlich dann, wenn Ajax bei mehr als nur einer Gelegenheit eingesetzt werden soll und die Aufgaben komplexer werden.

7.2 Ajax im Browser: Spry & AjaXSLT

Das Spry-Framework ist eine von Adobe zur Verfügung gestellte JavaScript-Bibliothek mit diversen Funktionen, die das Leben als Webdesigner um einiges erleichtern können. Dazu gehören zahlreiche Funktionen zur Verarbeitung von XML-Daten, Ajax-Funktionalitäten, Effekte oder Formularbehandlung, außerdem die Fähigkeit zum Verarbeiten von XSLT-Daten, die dem AjaXSLT-Framework entlehnt sind.

Download & Installation

Der Download findet sich bei Adobe unter folgender URL:

http://labs.adobe.com/technologies/spry/

Nach dem Download wird die Datei einfach entpackt und in den Projektordner kopiert. Damit ist das Framework bereits einsatzfähig und braucht nur noch in die jeweiligen Dateien eingebunden zu werden.

Startklar?

Um mit dem Spry-Framework zu arbeiten, müssen lediglich zwei Dateien eingebunden werden. Anschließend stehen diverse neue Objekte zur Verfügung, auf die zugegriffen werden kann:

```
<script type="text/javascript" src="includes/xpath.js">
</script>
<script type="text/javascript" src="includes/SpryData.js">
</script>
```

Damit sind bereits die wichtigsten beiden Bibliotheken zur Hand: die Fähigkeit zum Umwandeln von XML-Daten via XSLT und die Spry-Objekte.

XML-Datasets & Dynamic Region

Eine wunderbare Arbeitserleichterung sind die XML-Datasets und damit verbunden die Verwendung von sogenannten Dynamic Regions. Adobe gibt uns hier ein Werkzeug an die Hand, welches es ermöglicht, eine strukturiert aufgebaute XML-Datei automatisch einzulesen, die Daten zu extrahieren und anschließend dynamisch in eine HTML-Datei wieder ebenso strukturiert auszugeben. Nehmen wir dazu eine leicht abgeänderte Version des XML-Adressbuchs aus einem vorangegangenen Beispiel:

```xml
<?xml version="1.0"?>
<Adressbuch>
 <Kunde Name="Max Mustermann">
  <Strasse>Musterstrasse 14</Strasse>
  <PLZ>12345</PLZ>
  <Ort>Mustehausen</Ort>
 </Kunde>
 <Kunde Name="August Ausgedacht">
  <Strasse>Gibts-Nicht-Weg 37</Strasse>
  <PLZ>67890</PLZ>
  <Ort>Augsburg</Ort>
 </Kunde>
</Adressbuch>
```

Dank Spry ist es nun möglich, diese Datei automatisiert und ohne Programmierversuche in eine HTML-Datei auszugeben:

```html
<html xmlns="http://www.w3.org/1999/xhtml"
      xmlns:spry="http://ns.adobe.com/spry">
<head>
<script language="JavaScript" type="text/javascript"
        src="includes/xpath.js"></script>
<script language="JavaScript" type="text/javascript"
        src="includes/SpryData.js"></script>
<script language="JavaScript" type="text/javascript">
<!-

  dsPeople = new Spry.Data.XMLDataSet("daten.xml",
                                      "Adressbuch/Kunde");
->
```

```
</script>
</head>
<body>
  <div id="People_DIV" spry:region="dsPeople">
   <table id="People_Table">
    <tr>
     <th>Name</th>
     <th>Straße</th>
     <th>PLZ Ort</th>
    </tr>
    <tr spry:repeat="dsPeople">
     <td>{@Name}</td>
     <td>{Strasse}</td>
     <td>{PLZ} {Ort}</td>
    </tr>
   </table>
  </body>
</html>
```

Was hier passiert ist die „Magie" von Spry: Im dritten `<script>`-Abschnitt wird ein Spry-XMLDataSet-Objekt erzeugt. Es lädt automatisch per Ajax die Daten aus *daten.xml* (unserem Adressbuch) und sucht ebenfalls automatisch alle Kunde-Elemente heraus und liest die Attribute (Name) und Unterelemente (Strasse, PLZ, Ort) ein. Etwas weiter unten wird dann ein normaler `<div>` als Dynamic Region definiert, indem er das Attribut spry:region erhält. Was nun geschieht ist das eigentlich Magische: Spry liest zusätzlich zu den XML-Daten auch den Code in der Dynamic Region ein und setzt automatisch an die dafür vorgesehenen Stellen die passenden Werte ein (z. B. den Namen bei {@Name} oder die Postleitzahl bei {PLZ}). Außerdem wiederholt Spry den mit dem spry:repeat-Attribut gekennzeichneten Bereich so oft, wie Kunde-Einträge in der XML-Datei enthalten sind. Das Resultat: Die Daten aus der XML-Datei sind sauber und strukturiert per Ajax in der HTML-Datei gelandet, ohne dass dazu viel programmiert werden musste.

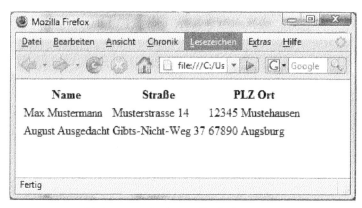

Abbildung 24 ~ Die Spry-Ausgabe im Mozilla Firefox

7.3   Ajax mit PHP: Xajax

Wer serverseitig mit PHP arbeitet und auf Ajax setzen möchte, hat mit Xajax die richtige Wahl getroffen. Xajax übernimmt nicht nur den Abruf der Daten per Ajax, sondern verarbeitet diese gleich so, dass sie sofort im Client bzw. auf dem Server benutzt werden können. Damit können Daten quasi spielend zwischen Server und Clients hin und her übertragen werden.

Download & Installation

Die jeweils aktuelle Version von Xajax ist unter folgender URL zu finden:

http://www.xajaxproject.org/

Das Xajax-Projekt kann als OpenSource kostenfrei eingesetzt werden. Die heruntergeladene Datei wird einfach entpackt und das Verzeichnis ins Projektverzeichnis hineinkopiert.

... fertig, los!

Eine Xajax-Anwendung besteht jeweils aus drei Dateien: einer *.common.php*, einer *.server.php* und der eigentlichen Datei, die auch beim User angezeigt wird. Für ein einfaches Beispiel soll eine kleine Ajax-Suchfunktion erstellt werden. Die *suche.common.php* sieht entsprechend spärlich aus:

```php
<?php

require_once ("xajax.inc.php");

$xajax = new xajax("suche.server.php");
$xajax->registerFunction("suche");

?>
```

Sie enthält nur die wichtigsten Dinge, nämlich die Verbindung zur Xajax sowie die Definition eines xajax-Objekts mit der Ajax-Datei *suche.server.php* und einer registrierten Funktion namens „suche".

Etwas umfangreicher ist dann schon die *suche.server.php*. In ihr werden die Funktionen definiert, die zur Kommunikation zwischen Client und Server gebraucht werden – in unserem Fall also die Suche selbst:

```php
<?php

function suche($q)
{
  $objResponse = new xajaxResponse();
  $s = '';
  //alle Kunden von SQL abfragen, die $q im Namen enthalten
  $res = mysql_query('SELECT * FROM kunden WHERE strName '.
                     'LIKE "'.addslashes($q).'%"');
```

```php
//alle gefundenen Kunden speichern
for($i=0;$i<mysql_num_rows($res);$i++)
{
  if($i>0){$s .= '\r\n';}
  $s .= mysql_result($res,$i,'Name');
}
$objResponse->addScript('document.suchform.treffer.value '.
                        '= "'.$s.'";');
  return $objResponse;
}


require("suche.common.php");
$xajax->processRequests();

?>
```

Was hier passiert ist recht einfach erklärt: Es existiert eine Suchfunktion, der ein Parameter ($q) übergeben wird. Dieser Parameter wird zur Suche in einer MySQL-Datenbank verwendet und die gefundenen Datensätze werden in einen String ($s) geschrieben. Als Letztes wird ein xajaxResponse-Objekt erzeugt und diesem ein JavaScript-Befehl übergeben, der wiederum die gefundenen Datensätze in ein Formularfeld schreibt. Soweit also noch nichts Interessantes – interessant wird es erst, wenn man sieht, dass auch die dritte Datei keinerlei weitere Skripts benötigt:

```php
<?
require("suche.common.php");
?>

<html>
 <head>
  <title>xajax Suche</title>
  <?php $xajax->printJavascript('/'); ?>
```

```
</head>
<body>
 <form name="suchform">
  Suche: <input type="text" value=""
          onkeypress="xajax_suche(this.value);"
          onchange="xajax_suche(this.value);"/><br>
  Treffer: <textarea name="treffer" cols="20"
          rows="12"></textarea>
 </form>
</body>
</html>
```

Hier liegt der Grund, warum man derartige Frameworks verwendet: Auch in der dritten Datei wird der Programmierer nicht damit konfrontiert, Ajax-Code oder dergleichen programmieren zu müssen, sondern kann sich voll und ganz darauf verlassen, dass das Framework für ihn die Arbeit übernimmt.

Die Funktionsweise im Einzelnen: Gibt der User einen Buchstaben ein, wird damit das onkeypress-Ereignis des Suchfeldes und damit die xajax_suche-Funktion ausgelöst. Diese Funktion muss vom Programmierer nicht extra erstellt werden, da sie komplett von Xajax selbst verwaltet und automatisch mit in den <head> geschrieben wird. Die Funktion nimmt in diesem Fall den Parameter (die Eingabe) auf und leitet diesen via Ajax an den Server weiter. Auf dem Server kümmert sich Xajax wiederum darum, dass der Parameter korrekt entgegengenommen wird, ruft selbstständig die Funktion suche($q) in der suche.server.php auf und übergibt ihr den Wert. Die Funktion kann dann die Suche durchführen und das Ergebnis in das xajaxResponse-Objekt schreiben. Dieses sorgt dafür, dass der Code per Ajax zum Client kommt, wo er ordnungsgemäß ausgeführt wird. Alles in allem also ein sehr durchdachter Kreislauf, der viel Programmieraufwand sparen kann.

7.4 Ajax mit Perl, CF und Python: Sajax

Auch wenn sich der Name Sajax sehr nach dem im vorherigen Kapitel beschriebenen Framework Xajax anhört, haben beide jedoch wenig miteinander zu tun, sieht man einmal davon ab, dass sie beide Ajax-Frameworks sind. Der Unterschied bei Sajax: Für Sajax existieren Implementationen in quasi allen relevanten Programmiersprachen wie ASP, ColdFusion, Perl oder Python – und selbst an PHP wurde gedacht.

Download & Installation

Die jeweils aktuelle Version von Sajax ist unter folgender URL zu finden:

http://www.modernmethod.com/sajax/

Ebenso wie Xajax ist auch Sajax OpenSource und kann damit kostenlos innerhalb bestimmter Regelungen eingesetzt werden. Nach dem Download heißt es auch hier: entpacken und ins Projektverzeichnis kopieren.

Ajax-Suche mit Sajax

Im Gegensatz zu Xajax, bei dem teilweise bis zu drei Dateien benötigt werden, kommt Sajax in der Regel mit einer einzigen Datei aus. Dies ist vor allem darin begründet, dass Sajax eine etwas eingeschränktere Funktionalität besitzt, dafür aber eben in allen relevanten Programmiersprachen verfügbar ist. Das obige Beispiel aus dem Xajax-Kapitel würde in Sajax wie folgt aussehen:

```
<?
 require("Sajax.php");

 function suche($q)
 {
  $s = '';
  //alle Kunden suchen, die $q im Namen enthalten
  $res = mysql_query('SELECT * FROM kunden WHERE strName '.
```

```
                        'LIKE "'.addslashes($q).'%"');
  //gefundene Kunden speichern
  for($i=0;$i<mysql_num_rows($res);$i++)
  {
   if($i>0){$s .= "\r\n";}
   $s .= mysql_result($res,$i,'Name');
  }
  return $s;
 }


 sajax_init();
 sajax_export("suche");
 sajax_handle_client_request();

?>
<html>
 <head>
  <script>
  <? sajax_show_javascript(); ?>
  function suche_cb(a){document.suchform.treffer.value = a;}
  </script>
 </head>
 <body>
  <form name="suchform">
   Suche: <input type="text" name="qry" id="qry" value=""
           onkeypress="x_suche(this.value,suche_cb);" /><br>
   Treffer: <textarea name="treffer" cols="20"
             rows="12"></textarea>
  </form>
 </body>
</html>
```

Auch hier passiert in etwa wieder das Gleiche wie bei Xajax: Sajax sorgt komplett selbst für den Datentransfer zwischen Client und Server und gibt die Daten jeweils an die Funktion weiter, die sie benötigt. In diesem Fall werden die

Daten also bei Eintreten des Ereignisses an die automatisch von Sajax erstellte Funktion x_suche() übergeben, welche die Daten an den Server weitergibt. Auf dem Server wird dann wiederum automatisch suche($q) mit entsprechenden Werten aufgerufen und die Suche durchgeführt. Anschließend wird das Resultat der Suche wieder automatisch von Sajax per Ajax an den Client übermittelt und an die JavaScript-Funktion suche_cb übergeben, welche die Daten dann ausgibt. Auch hier ergibt sich damit wieder ein sehr sinnvoller und vollkommen vom Framework automatisierter Kreislauf, auf den der Programmierer jederzeit zugreifen kann.

7.5 Ajax mit ASP.NET: Atlas

Im Vergleich zu den vorher genannten Frameworks fällt das ASP.NET-Framework Atlas völlig aus der Reihe. Hier hat die Automatisierung quasi ihren Höhepunkt erreicht: Einfache Skripts lassen sich fast per Drag&Drop zusammenklicken und der Programmieraufwand wird auf ein Minimum reduziert. Zugleich wird durch den Einsatz von ASP.NET bzw. Microsofts .NET-Framework die Sachlage ungleich komplizierter, da es eben deutlich mehr Möglichkeiten, Elemente und Objekte gibt, die eingesetzt werden können und über die man leicht den Überblick verlieren kann. Alles in allem ist Atlas aber DIE Wahl für alle ASP.NET-Programmierer und lässt alle anderen Frameworks in Sachen Komfort hinter sich zurück.

Download & Installation

Ebenfalls im Unterschied zu den Vorgängern muss das Atlas-Framework als einziges wirklich installiert werden. Zudem sind zunächst weitere Dinge notwendig:

- Installiertes ASP.NET 2.0, welches üblicherweise als Teil des .NET-Frameworks installiert wird. Das .NET-Framework kann unter folgender URL heruntergeladen werden:
  http://msdn2.microsoft.com/en-us/netframework/aa731542.aspx

▓ Installiertes Microsoft ASP.NET AJAX v1.0, welches unter folgender URL bezogen werden kann:
http://go.microsoft.com/fwlink/?LinkID=77296

▓ Installiertes Microsoft ASP.NET AJAX Futures CTP, welches unter folgender URL bezogen werden kann:
http://go.microsoft.com/fwlink/?LinkID=77294

▓ Installiertes Microsoft ASP.NET AJAX Control Toolkit, welches es unter folgender URL zum Download gibt:
http://www.codeplex.com/Release/ProjectReleases.aspx? ProjectName=AtlasControlToolkit

Alle Downloads zusammen sowie Beispielanwendungen und Beschreibungen finden sich auch noch einmal gebündelt unter *http://ajax.asp.net*. Darüber hinaus ist die Verwendung einer Programmierumgebung wie Visual Studio empfehlenswert – alternativ tut es hier auch die kostenlose Version namens Visual Web Developer 2005 Express Edition, die unter

http://www.asp.net/downloads/essential.aspx

geladen werden kann. Alles in allem lädt man sich damit rund 900 MB Software auf den PC – wer noch mit Modem oder langsamer DSL-Verbindung unterwegs ist, sollte also vorher etwas Zeit einplanen. Die Installation an sich geht dann relativ reibungslos. Wie man es von Microsoft gewöhnt ist, klickt man sich durch die Setups, bis alles erledigt ist.

Ajax-Suche mit Atlas

Die einfachste Codeversion aller Framworks liefert in der Regel Atlas, da hier sehr viele Aufgaben automatisch vom Server übernommen werden, um die man sich in anderen Umgebungen manuell kümmern müsste. So etwa die Datenübertragung, das Abrufen aus der Datenbank oder das Einfügen der

Daten in die Webseite. Das bereits mehrfach angesprochene Beispiel mit der Adresssuche sieht in ASP.NET mit Atlas wie folgt aus:

```
<%@ Page Language="VB" AutoEventWireup="true"
    CodeFile="Default.aspx.vb" Inherits="_Default" %>

<!DOCTYPE html PUBLIC "-//W3C//DTD XHTML 1.1//EN"
           "http://www.w3.org/TR/xhtml11/DTD/xhtml11.dtd">

<html xmlns="http://www.w3.org/1999/xhtml">
<head runat="server">
 <title>Ajax Suche</title>
</head>
<body>
 <form id="form1" runat="server">
  <asp:ScriptManager ID="ScriptManager1" runat="server" />
  <asp:TextBox ID="TextBox1" runat="server"
   AutoPostBack="True"></asp:TextBox>

  <asp:UpdatePanel ID="UpdatePanel1" runat="server">
  <ContentTemplate>
   <asp:GridView ID="GridView1" runat="server"
    AllowPaging="True" AllowSorting="True"
    AutoGenerateColumns="False"
DataSourceID="SqlDataSource1">
    <Columns>
     <asp:BoundField DataField="PLZ" HeaderText="PLZ"
      SortExpression="PLZ" />
     <asp:BoundField DataField="Strasse" HeaderText="Strasse"
      SortExpression="Strasse" />
```

```
      <asp:BoundField DataField="Name" HeaderText="Name"
        SortExpression="Name" />
      <asp:BoundField DataField="Ort" HeaderText="Ort"
        SortExpression="Ort" />
     </Columns>
    </asp:GridView>
   </ContentTemplate>
   <Triggers>
    <asp:AsyncPostBackTrigger ControlID="TextBox1"
      EventName="TextChanged" />
   </Triggers>
  </asp:UpdatePanel>

  <asp:SqlDataSource ID="SqlDataSource1" runat="server"
   ConnectionString="<%$ ConnectionStrings:myConnection %>"
   SelectCommand="SELECT [PLZ], [Strasse], [Name], [Ort]
    FROM [kunden] WHERE ([Name] LIKE '%' + @Name + '%')">
    <SelectParameters>
     <asp:ControlParameter ControlID="TextBox1" Name="Name"
      PropertyName="Text" Type="String" />
    </SelectParameters>
   </asp:SqlDataSource>

 </form>
</body>
</html>
```

Interessant dabei: Es muss nicht eine Zeile programmiert werden, vielmehr kann man alle Eigenschaften in der Entwicklungsumgebung „zusammen-klicken":

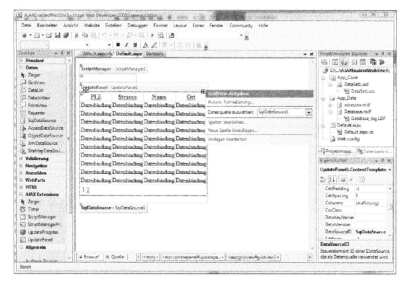

Abbildung 25 ~ Microsoft Visual Web Developer 2005 Express erleichtert das Erstellen ungemein.

Praxisbeispiele mit Ajax

Das erfahren Sie in diesem Kapitel:

- *Wie Sie Ajax in der Praxis einsetzen*
- *Wie Sie live Suchvorschläge anzeigen können*
- *Wie Sie ein Formular vor dem Absenden kontrollieren*
- *Wie Sie einen Chat mit Ajax umsetzen*

8.1   Suchvorschläge mit Ajax

Um mit einem leichten Beispiel in die Ajax-Praxis einzusteigen, wollen wir uns als erstes Beispiel mit der Liveanzeige von Suchvorschlägen beschäftigen. Ziel soll es sein, ein bestehendes Suchformular so zu erweitern, dass während der Eingabe der ersten Buchstaben bereits weitere Vorschläge geladen und angezeigt werden.

Die Grundlage

Als Grundlage verwenden wir ein einfaches Suchformular ohne großen Schnickschnack:

```
<html>
<head>
<title>Ajax Suchvorschl&auml;ge</title>
</head>
<body >
 <form name="form1" method="get" action="/suche.php">
  <div align="center">
   <h1>Suche</h1>
   <input style="width:300px;" type="Text" name="q" value=""
     size="30">
   <input type="Submit" name="s" value="Suchen ...">
  </div>
 </form>
</body>
</html>
```

Daten vorbereiten

Als Erstes bereiten wir die Daten vor, um sie dann per Ajax abrufen zu können. Hierzu wird eine Datei *ajax_search_query.php* erzeugt. Sie liest den übergebenen Parameter aus, verbindet sich mit einer MySQL-Datenbank und fragt diese nach ähnlichen Suchen ab. Die gefundenen Suchvorschläge werden anschließend verarbeitet und als XML-Daten ausgegeben:

```php
<?
inlclude_once('mysql.php');
header('Content-Type: text/xml');
//sagt dem Browser, die Datei ist XML
echo '<?xml version="1.0"?>
<Querylist>';
//alle Suchen suchen, die mit der aktuellen Suche beginnen
$res = mysql_query('SELECT strQry, intCount
                    FROM querycount
                    WHERE strQry LIKE "'.$_GET['q'].'%"
                    ORDER BY intCount DESC');
//alle Treffer als XML-Elemente ausgeben
for($i=0;$i<mysql_num_rows($res);$i++)
{
  echo '<Item Name="'.mysql_result($res,$i,'strQry').'"
        Anzahl="'.mysql_result($res,$i,'intCount').'" />';
}
echo '</Querylist>';
?>
```

Die Ausgabe könnte dann z. B. so aussehen:

```xml
<?xml version="1.0"?>
<Querylist>
<Item Name="Hans Hase" Anzahl="7" />
<Item Name="Hans Wurst" Anzahl="5" />
<Item Name="Hans im Gl&#252;ck" Anzahl="3" />
</Querylist>
```

Jetzt wird's dynamisch

Als Nächstes müssen wir uns darum kümmern, dass sich die Suchvorschläge überhaupt anzeigen lassen. Hierzu wird einfach ein <div> in das Formular eingefügt und entsprechend positioniert sowie mit einer ID versehen, damit wir es via DHTML ansprechen können. Darüber hinaus müssen wir uns darum kümmern, dass der Browser nicht seine Suchvorschläge aus vergangenen Suchen anzeigt (also die Autovervollständigung des Browsers austricksen). Da der Browser die Autovervollständigung anhand des Feldnamens speichert, umgehen wir dies einfach, indem wir das Feld jeweils per Zufall mit einem neuen Namen versehen. Um beim Absenden des Formulars aber dennoch den richtigen Parameternamen zu erhalten, wird zusätzlich ein verstecktes Feld mit dem Originalfeldnamen eingesetzt und diesem beim Absenden der passende Wert übergeben. Mit diesen Erweiterungen sieht das Formular dann in etwa so aus:

```
<?
 $rand = rand(0,9999);
 ?>
<form name="form1" method="get" action="/suche.php"
  onsubmit="this.q.value = this.q<?=$rand?>.value;">
  <div align="center">
  <h1>Suche</h1>
  <span style="position:relative;">
  <script type="text/javascript" language="JavaScript">
  <!-
    document.writeln('<input style="width:300px;" type="Text"'+
                     ' name="q<?=$rand?>" value="" size="30"'+
                     ' onkeypress="getQuerys(this.value);"'+
                     ' onblur="hideQuerys();">');
    document.writeln('<input type="hidden" name="q" value="">')
  //->
  </script>
```

```
<noscript>
 <input style="width:300px;" type="Text" name="q" value=""
  size="30">
</noscript>
<input type="Submit" name="s" value="Suchen ..."><br>
<div style="position:absolute; display:none; left:0px;
  border:1px solid #AFAFAF; background-color:#EFEFEF;
  width:300px;" id="trefferliste">
 </div>
 </span>
 </div>
 </form>
```

Zu bemerken ist, dass das neue Feld ausschließlich per JavaScript geschrieben wird, damit User ohne JavaScript weiterhin eine funktionstüchtige Suche vorfinden. Darüber hinaus wurden bereits mit onkeypress und onblur zwei Ereignisse eingefügt, derer wir uns gleich annehmen werden.

Auch Ajax kommt zum Zuge

Als Nächstes müssen wir uns um das Abrufen und Anzeigen der Suchvorschläge kümmern. Hierzu definieren wir im <head> ein JavaScript, das alle wichtigen Funktionen beinhaltet:

- Ajax-Request absenden
- Ajax-Response auswerten und anzeigen
- Suchvorschläge ein- und ausblenden

Ajax-Request absenden

Ein Problem mit dem Absenden des Ajax-Requests tritt immer dann ein, wenn mehrere Anfragen gleichzeitig bzw. kurz nacheinander gesendet werden und sich damit evtl. die Responses bei ihrer Ankunft überschneiden. Mögliche Fehlerquelle ist etwa, dass der Nutzer nicht nur einen Buchstaben, sondern gleich mehrere nacheinander eingibt, ohne dass der Server in dieser Geschwindigkeit reagieren könnte. Dieses Problem umgehen wir mit einem kleinen Trick: Bei Eintreten des onkeypress-Ereignisses wird der Ajax-Request nicht unmittelbar losgeschickt, sondern zunächst ein Timer gesetzt. Wird das Ereignis vor Ablauf des Timers nochmals aufgerufen, wird der Timer gelöscht und ein neuer Timer gesetzt, und zwar so lange, bis der User eine Pause beim Schreiben einlegt und Ajax damit Zeit hat, die Ergebnisse anzuzeigen. Als Code sieht das wie folgt aus:

```
var timer = 0;
function getQuerys(q)
{
  window.clearTimeout(timer);
  timer = window.setTimeout('getQuerys2("'+escape(q)+'")',300);
}

var xml = null;
function getQuerys2(q)
{
  if(window.XMLHttpRequest){ xml = new XMLHttpRequest(); }
  else if(window.ActiveXObject)
  {
    try{ xml = new ActiveXObject('Msxml2.XMLHTTP'); }
    catch(e1)
    {
      try{ xml = new ActiveXObject('Microsoft.XMLHTTP'); }
      catch(e2){ }
    }
  }

  if(xml != null)
```

```
  {
    xml.open('GET','ajax_search_query.php?q='+q,true);
    xml.onreadystatechange = showQuerys;
    xml.send(null);
  }
}
```

Die Funktion getQuerys() dient hier also lediglich als Vorbereiter und Puffer zwischen User und Ajax – die eigentliche Arbeit macht getQuerys2(). Der Abruf der Daten ist damit bewerkstelligt.

Daten verarbeiten

Als Nächstes müssen wir uns nur noch darum kümmern, die abgerufenen Daten zu verarbeiten und als Suchvorschläge anzuzeigen. Hierzu lesen wir einfach die XML-Elemente <Item ...> aus und zeigen jeweils die Werte der Attribute Name und Anzahl innerhalb einer einfachen Tabelle an. Den Tabellencode geben wir dann innerhalb unseres dafür vorgesehenen <div> aus:

```
function showQuerys()
{
  if(xml.readyState == 4 && xml.status == 200)
  {
    x = xml.responseXML.documentElement;
    s = '<table width="100%">';
    //alle Unterknoten auslesen
    for(i=0;i<x.childNodes.length;i++)
    {
      itm = x.childNodes.item(i);
      if(itm.nodeType == 1) //Knoten ist Element
      {
        name = itm.getAttribute('Name');
        anz = itm.getAttribute('Anzahl');
        s += '<tr'+(i%2==0?' bgcolor="white"':'')+'>';
```

```
    s += '<td><a href="/suche.php?q='+escape(name)+'">';
    s += name+'</a></td><td align="right">'+anz+'</td></tr>';
   }
  }
  if(x.childNodes.length == 0)
  { s+= '<tr><td>Keine Treffer.</td></tr>'; }
  s += '</table>';
  d = document.getElementById('trefferliste');
  d.innerHTML = s; //alles ausgeben
  d.style.display = 'block'; // ... und anzeigen
 }
}
```

Suchvorschläge verstecken

Nun müssen wir noch dafür sorgen, dass die Suchvorschläge auch wieder ausgeblendet werden – und zwar immer dann, wenn das Eingabefeld nicht mehr den Eingabefokus besitzt. Auch hier setzen wir wieder einen Timer ein, der so aussieht:

```
function hideQuerys()
{
 //in 0,3 Sek. geht's los
 window.clearTimeout(timer);
 timer = window.setTimeout('hideQuerys2()',300);
}

function hideQuerys2()
{
 //ausblenden
 document.getElementById('trefferliste').style.display =
                                                    'none';

}
```

Und noch einmal das Ganze

Zum besseren Überblick hier noch einmal der komplette Code:

```html
<html>
<head>
<title>Ajax Suchvorschl&auml;ge</title>
<script type="text/javascript" language="JavaScript">
<!-
 var timer = 0;
 //Timeout setzen damit nicht sofort eine Anfrage los geht
 function getQuerys(q)
 {
  window.clearTimeout(timer);
  timer = window.setTimeout('getQuerys2("'+escape(q)+'")',300);
 }

 var xml = null;
 //Objekt erzeugen und Abruf absenden
 function getQuerys2(q)
 {
  if(window.XMLHttpRequest){ xml = new XMLHttpRequest(); }
  else if(window.ActiveXObject)
  {
   try{ xml = new ActiveXObject('Msxml2.XMLHTTP'); }
   catch(e1)
   {
    try{ xml = new ActiveXObject('Microsoft.XMLHTTP'); }
    catch(e2){}
   }
  }

  if(xml != null)
```

```
  {
   xml.open('GET','ajax_search_query.php?q='+q,true);
   xml.onreadystatechange = showQuerys;
   xml.send(null);
  }
 }


 //Response entgegennehmen und auswerten
 function showQuerys()
 {
  if(xml.readyState == 4 && xml.status == 200)
  {
   x = xml.responseXML.documentElement;
   s = '<table width="100%">';
   //alle Knoten durchlaufen
   for(i=0;i<x.childNodes.length;i++)
   {
    itm = x.childNodes.item(i);
    if(itm.nodeType == 1) //ist Elementknoten
    {
     name = itm.getAttribute('Name');
     anz = itm.getAttribute('Anzahl');
     s += '<tr'+(i%2==0?' bgcolor="white"':'')+'>';
     s += '<td><a href="/suche.php?q='+escape(name)+'">';
     s += name+'</a></td><td align="right">'+anz+'</td></tr>';
    }
   }
   if(x.childNodes.length == 0)
   { s+= '<tr><td>Keine Treffer.</td></tr>'; }
   s += '</table>';
   d = document.getElementById('trefferliste');
   d.innerHTML = s; //Code ausgeben
```

```
      d.style.display = 'block'; //... und anzeigen
   }
  }

  //Timeout zum Verstecken setzen
  function hideQuerys()
  {
   window.clearTimeout(timer);
   timer = window.setTimeout('hideQuerys2()',300);
  }

  //... und verstecken
  function hideQuerys2()
  {
   document.getElementById('trefferliste').style.display =
                                                     'none';
  }
//->
</script>
</head>
<body >
 <?
 $rand = rand(0,9999);
 ?>
 <form name="form1" method="get" action="/suche.php"
  onsubmit="this.q.value = this.q<?=$rand?>.value;">
  <div align="center">
   <h1>Suche</h1>
   <span style="position:relative;">
   <script type="text/javascript" language="JavaScript">
   <!-
```

```
      document.writeln('<input style="width:300px;" type="Text"'+
                       ' name="q<?=$rand?>" value="" size="30"'+
                       ' onkeypress="getQuerys(this.value);"'+
                       ' onblur="hideQuerys();">');
      document.writeln('<input type="hidden" name="q" value="">')
      //->
      </script>
      <noscript>
       <input style="width:300px;" type="Text" name="q" value=""
         size="30">
      </noscript>
      <input type="Submit" name="s" value="Suchen ..."><br>
      <div style="position:absolute; display:none; left:0px;
       border:1px solid #AFAFAF; background-color:#EFEFEF;
       width:300px;" id="trefferliste">
      </div>
      </span>
     </div>
    </form>
</body>
</html>
```

Im Browser sieht das Ganze z. B. so aus:

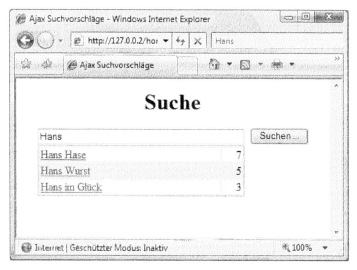

Abbildung 26 ~ Die Livesuche im Internet Explorer

8.2 Formularverarbeitung

Insbesondere bei Formularen kann die Verwendung von Ajax an den richtigen Stellen für deutlichen Komfort sorgen, die Nutzerzufriedenheit erhöhen und damit die Zahl der Bestell- oder Anmeldeabbrüche deutlich reduzieren. Hier kann Ajax etwa dazu eingesetzt werden, vor dem Absenden zu prüfen, ob der eben bei der Anmeldung eingegebene Benutzername nicht vielleicht schon durch einen anderen Nutzer belegt ist. In unserem kleinen Praxisbeispiel werden wir die Nutzerfreundlichkeit zudem dadurch erhöhen, dass wir anhand der eingegebenen Postleitzahl den Ort ermitteln und dem Nutzer damit Arbeit abnehmen. Außerdem wird gleich noch eine Bankleitzahlen- und Kontoprüfung integriert.

Die Grundlage

Als Grundlage verwenden wir wieder ein einfaches Formular, wie es in Hunderttausenden Webseiten zu finden ist, und werden es anschließend mit Ajax „aufpeppen":

```
<html>
<head><title>Formulare mit Ajax</title></head>
<body >
<form name="form1" method="post" action="/anmeldung2.php">
<table>
 <tr><td>Username:</td>
     <td><input type="Text" name="login"></td></tr>
 <tr><td>E-Mail:</td>
     <td><input type="Text" name="mail"></td></tr>
 <tr><td>Passwort:</td>
     <td><input type="password" name="pass1"></td></tr>
 <tr><td>Wiederholung:</td>
     <td><input type="password" name="pass2"></td></tr>
 <tr><td> </td><td> </td></tr>
 <tr><td>Vorname/Name:</td>
     <td><input type="text" name="name"></td></tr>
 <tr><td>Straße:</td>
     <td><input type="text" name="str"></td></tr>
 <tr><td>PLZ/Ort:</td>
     <td><input size="3" type="text" name="plz">
         <input size="12" type="text" name="ort"></td></tr>
 <tr><td> </td><td> </td></tr>
 <tr><td>Bank:</td>
     <td><input type="text" name="bank"></td></tr>
 <tr><td>Kontonummer:</td>
     <td><input type="text" name="kto"></td></tr>
 <tr><td>BLZ:</td>
     <td><input type="text" name="blz"></td></tr>
```

```
<tr><td> </td><td> </td></tr>
<tr><td> </td>
    <td><input type="Checkbox" name="AGB" value="1">
        Ja, ich habe die <a href="/agb.php">AGB</a> gelesen
        und akzeptiere sie.</td></tr>
<tr><td> </td>
    <td><input type="Submit" value="Anmelden ..."></td></tr>
</table>
</form>
</body>
</html>
```

Universelle Abfragetechnik

Da wir in diesem Fall nicht nur eine Abfrage, sondern gleich mehrere machen müssen und der Code nicht mehrfach geschrieben werden soll, brauchen wir eine Möglichkeit, alle Daten mit einer einzelnen Funktion abfragen zu können. Hierzu wird der Ajax-Funktion der abzurufende Dateiname sowie ein Java-Script-Code übergeben. Der Code wird anschließend vom Ajax-Response ausgeführt und ermöglicht es damit, jeweils individuell auf das Ereignis zu reagieren:

```
var xml = null;
var timer = 0;
//Timeout setzen
function sendAjaxQuery(file,insert,delay)
{
  if(delay == 0){sendAjaxQuery2(escape(file),escape(insert));}
  else
  {
    window.clearTimeout(timer);
    timer = window.setTimeout('sendAjaxQuery2("'+escape(file)+
```

```
'","'+escape(insert)+'")',delay);
 }
}

//das Objekt erzeugen und den Request absenden
function sendAjaxQuery2(file,insert)
{
 file = unescape(file);
 insert = unescape(insert);
 if(xml == null)
 {
  if(window.XMLHttpRequest){ xml = new XMLHttpRequest(); }
  else if(window.ActiveXObject)
  {
   try{ xml = new ActiveXObject('Msxml2.XMLHTTP'); }
   catch(e1)
   {
    try{ xml = new ActiveXObject('Microsoft.XMLHTTP'); }
    catch(e2){ }
   }
  }
 }

 if(xml != null)
 {
  xml.open('GET',file,true);
  xml.insert = insert;
  xml.onreadystatechange = cbAjaxQuery;
  xml.send(null);
 }
}

//den Response verarbeiten
```

```
function cbAjaxQuery()
{
  if(xml.rcadyState == 4 && xml.status == 200)
  { eval(xml.insert+" = xml.responseText"); }
}
```

Der Funktion sendAjaxQuery brauchen wir nun also nur noch zu sagen, was sie abrufen soll und wohin sie den Response-Text schreiben soll.

Daten abfragen und verarbeiten

Da die Grundlagen nun gelegt sind, brauchen wir nur noch jeweils die Daten abzufragen. So wird zum Beispiel abgefragt, ob der Username schon existiert:

```
function testUsername(u)
{
  document.getElementById('userspan').innerHTML = 'Prüfe ...';
  sendAjaxQuery('ajax_form_user.php?u='+escape(u),

  'document.getElementById("userspan").innerHTML',
            300);
}
```

Außerdem müssen die Formularfelder entsprechend vorbereitet werden, damit sie auf die Eingabe reagieren können:

```
...
<tr><td>Username:</td>
    <td><input type="Text" name="login"
        onkeyup="testUsername(this.value)"
        onchange="testUsername(this.value)">
        <span id="userspan"></span></td></tr>
...
```

Username, Ort und BLZ auswerten

Wie die Skripts zum Auswerten der drei Informationen auch angepasst werden, in jedem Fall sollte das Skript aber einen HTML-Code mit entsprechender Erfolgs- oder Fehlermeldung ausgeben. Beispiel:

```
<?
inlclude_once('mysql.php');
//alle Nutzer mit passenden Namen suchen
$res = mysql_query('SELECT * FROM user
                    WHERE strName = "'.$_GET['q'].'"');
//es wurde mindestens 1 Nutzer gefunden, also Fehler ausgeben
if(mysql_num_rows($res)>0)
{
 echo '<span style="color:red;">
       Der Benutzername exitiert bereits!
       <a href="/pass.php">Passwort vergessen?</a></span>';
}
else // keiner gefunden, alles Ok
{
 echo '<span style="color:green">Ok!</span>';
}
?>
```

Das fertige Skript

Ist letztlich alles an seinem Platze, sieht das komplette Skript in etwa so aus:

```
<html>
<head>
<title>Formulare mit Ajax</title>
<script language="JavaScript">
<!-
var xml = null;
var timer = 0;
//Timer vorbereiten
```

```javascript
function sendAjaxQuery(file,insert,delay)
{
 if(delay == 0){sendAjaxQuery2(escape(file),escape(insert));}
 else
 {
  window.clearTimeout(timer);
  timer = window.setTimeout('sendAjaxQuery2("'+escape(file)+
                            '","'+escape(insert)+'")',delay);
 }
}

//Daten abrufen
function sendAjaxQuery2(file,insert)
{
 file = unescape(file);
 insert = unescape(insert);
 if(xml == null)
 {
  if(window.XMLHttpRequest){ xml = new XMLHttpRequest(); }
  else if(window.ActiveXObject)
  {
   try{ xml = new ActiveXObject('Msxml2.XMLHTTP'); }
   catch(e1)
   {
    try{ xml = new ActiveXObject('Microsoft.XMLHTTP'); }
    catch(e2){}
   }
  }
 }

 if(xml != null)
 {
  xml.open('GET',file,true);
  xml.insert = insert;
```

```
  xml.onreadystatechange = cbAjaxQuery;
  xml.send(null);
 }
}


//Response verarbeiten
function cbAjaxQuery()
{
 if(xml.readyState == 4 && xml.status == 200)
 { eval(xml.insert+" = xml.responseText"); }
}


function testUsername(u)
{
 document.getElementById('userspan').innerHTML = 'Prüfe ...';
 sendAjaxQuery('ajax_form_user.php?u='+escape(u),
            'document.getElementById("userspan").innerHTML',
             300);
}


function testPW(f)
{
 o = document.getElementById('pwspan');
 if(f.pass1.value != f.pass2.value)
 {
  o.innerHTML = '<span style="color:red; font-weight:bold;">'+
  'Passwort und Wiederholung stimmen nicht überein!</span>';
 }
 else { o.innerHTML = ''; }
}


function testOrt(u)
{
```

```
ziel = 'f = document.form1.ort; '+
        'var k=((f.value=="")?f:""); k.value';
sendAjaxQuery('ajax_form_ort.php?u='+escape(u),
              ziel, 0);
}


function testBLZ(u)
{
document.getElementById('blzspan').innerHTML = 'Prüfe ...';
sendAjaxQuery('ajax_form_blz.php?u='+escape(u),
              'document.getElementById("blzspan").innerHTML',
              300);
}
//-->
</script>
</head>
<body >
<form name="form1" method="post" action="/anmeldung2.php">
<table>
 <tr><td>Username:</td>
     <td><input type="Text" name="login"
         onkeyup="testUsername(this.value)"
         onchange="testUsername(this.value)">
         <span id="userspan"></span></td></tr>
 <tr><td>E-Mail:</td>
     <td><input type="Text" name="mail"></td></tr>
 <tr><td>Passwort:</td>
     <td><input type="password" name="pass1"></td></tr>
 <tr><td>Wiederholung:</td>
     <td><input type="password" name="pass2"
         onkeyup="testPW(this.form)"
         onchange="testPW(this.form)">
         <span id="pwspan"></span></td></tr>
 <tr><td> </td><td> </td></tr>
```

```
<tr><td>Vorname/Name:</td>
    <td><input type="text" name="name"></td></tr>
<tr><td>Straße:</td>
    <td><input type="text" name="str"></td></tr>
<tr><td>PLZ/Ort:</td>
    <td><input size="3" type="text" name="plz"
        onkeyup="testOrt(this.value)"
        onchange="testOrt(this.value)">
        <input size="12" type="text" name="ort"></td></tr>
<tr><td> </td><td> </td></tr>
<tr><td>Bank:</td>
    <td><input type="text" name="bank"></td></tr>
<tr><td>Kontonummer:</td>
    <td><input type="text" name="kto"></td></tr>
<tr><td>BLZ:</td>
    <td><input type="text" name="blz" onkeyup="testBLZ()"
        onchange="testBLZ()">
        <span id="blzspan"></span></td></tr>
<tr><td> </td><td> </td></tr>
<tr><td> </td>
    <td><input type="Checkbox" name="AGB" value="1">
        Ja, ich habe die <a href="/agb.php">AGB</a> gelesen
        und akzeptiere sie.</td></tr>
<tr><td> </td>
    <td><input type="Submit" value="Anmelden ..."></td></tr>
</table>
</form>
</body>
</html>
```

Ein kleines Highlight ist hier die Umsetzung der testOrt-Funktion, da der Ort nur geschrieben werden soll, wenn er leer ist. Statt eines einfachen JavaScript-Codes werden deshalb mehrere Anweisungen übergeben, die die Prüfung für uns übernehmen.

Ist alles zusammengebastelt, sieht es im Browser z. B. so aus:

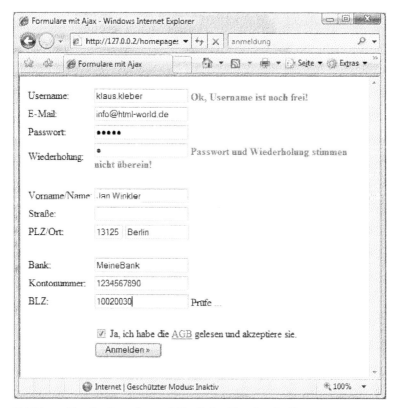

Abbildung 27 ~ Das Formular samt Ajax-Nutzerhinweisen im Browser

8.3 Chat mit Ajax

Ein etwas komplizierteres Beispiel, wenngleich sich in Sachen Ajax alle Anwendungen mehr oder minder gleichen, ist der Einsatz von Ajax, um damit einen kleinen Chat zu programmieren.

Vorbereitungen

Als Erstes sollte überlegt werden, wie wir die Übergabe der Daten an alle Nutzer bewerkstelligen möchten – also letztlich, wie die Nutzer untereinander kommunizieren können. Da wir hier beispielhaft lediglich einen sehr einfachen Chat programmieren möchten, werden wir die Nachrichten, die ein User eingibt, einfach samt seinem Namen in einer Datenbank speichern. Die Übergabe der Daten vom Client zum Server erfolgt dann mit Ajax. Wie kommen die Daten dann zu den einzelnen Usern? Um dies zu bewerkstelligen, werden alle User in regelmäßigen Abständen beim Server anfragen (per Ajax natürlich), ob es etwas Neues zu berichten gibt. Sofern seit der letzten Anfrage neue Nachrichten eingetroffen sind, werden diese ausgegeben.

Wie bereits gesagt, benötigen wir also zunächst eine MySQL-Datenbank, mit der wir uns verbinden können und die für uns die Speicherung und Verteilung der Nachrichten übernehmen wird. Hierzu richten wir folgende Tabelle ein:

```
CREATE TABLE IF NOT EXISTS ajax_msg (un varchar(64), msg
text, color varchar(16), log datetime)
```

wobei un für den Usernamen, msg für den geschriebenen Text, color für die Farbe und log für den Zeitpunkt verwendet wird.

Login

Der Einfachheit halber werden wir hier auf eine Nutzerverwaltung oder komplizierte Anmeldung verzichten – wer seinen Chat sicherer und sauberer gestalten möchte, sollte dies jedoch einplanen. In unserem Fall werden sich die User einfach einen Namen geben und auf *Einloggen* klicken. Doppelte Usernamen werden einfach auch doppelt erscheinen. Das leere HTML-Gerüst mit dem Login-Bereich sieht dann in etwa so aus:

```
<html>
<head>
<title>Ajax Chat</title>
```

```
<script language="JavaScript">
<!-
... //hier kommt später unser Code hin
//->
</script>
</head>
<body bgcolor="#AEC8F7" >
<?
if(isset($_POST['un'])) //Nutzername bereits gesetzt?
{
  ?>
  <div id="msgs" style="width:100%; height:500px;
                   overflow:scroll; border:1px solid #BFBFBF;
                   background-color:white;">
  <p id="first">Hallo <?=$_POST['un']?>, willkommen im Chat!</p>
  </div>
  <form onsubmit="return sendMsg();" name="form1"
   style="margin:0px; padding:0px;" method="post" action="#">
  <table align="center">
   <tr>
    <td>Sag an:</td>
    <td><textarea style="width:500px; height:50px;" name="say"
        cols="50" rows="3"></textarea></td>
    <td><input type="Submit" style="width:100px; height:50px;"
        value="Los"></td>
   </tr>
  </table>
  </form>
<?
}
else //noch kein Nutzername gesetzt
{
  ?>
```

```html
<div align="center" style="width:100%; border:1px solid
#BFBFBF; background-color:white;">
 <div style="width:300px;">
 <form method="post" action="ajax_chat.php">
  <table>
   <tr>
    <td><b>Dein Username:</b></td>
    <td><input type="Text" name="un" value="" ></td>
   </tr>
   <tr>
    <td><b>Deine Farbe:</b></td>
    <td>
     <select name="co">
      <option value="#000000">Schwarz</option>
      <option value="#0000FF">Blau</option>
      <option value="#800000">Maroon</option>
      <option value="#008000">Grün</option>
      <option value="#800080">Lila</option>
     </select>
    </td>
   </tr>
  </table>
  <input type="Submit" value="Beitreten ...">
 </form>
 </div>
 </div>
 <?
 }
?>
</body>
</html>
```

Was hier passiert ist schnell erklärt: Ist der User noch nicht eingeloggt, erscheint das Login-Formular mit der Frage nach Usernamen und Farbe. Anschließend kann der User beitreten. Ist er beigetreten, wird statt des Login-Formulars der Chat angezeigt. In unserem Fall besteht der Chat lediglich aus einem $\langle div \rangle$, in das wir später die Nachrichten füllen werden, sowie einem weiteren kleinen Formular zur Eingabe und zum Absenden des Nachrichtentextes.

Nachricht absenden

Zunächst müssen wir uns um das Absenden von Nachrichten kümmern, da wir ohne diese auch schlecht testen könnten, ob das Abholen (Lesen) der Nachrichten klappt. Wie bereits beschrieben, werden wir hierfür Ajax verwenden, damit der User nicht jedes Mal das Formular neu laden muss. Die Ajax-Funktion hierfür dürfte Ihnen mittlerweile geläufig sein – der einzige Unterschied ist nun, dass wir zum einen auf eine Verarbeitung des Response verzichten können und dass wir zum zweiten die Daten nicht per GET-, sondern per POST-Methode schicken müssen, damit der Server diese korrekt verarbeiten kann (der Nachrichtentext kann ja unter Umständen recht lang werden). Alles in allem sieht die notwendige Funktion wie folgt aus:

```
function sendMsg()
{
 var sender = null;
 if(window.XMLHttpRequest){ sender = new XMLHttpRequest(); }
 else if(window.ActiveXObject)
 {
  try{ sender = new ActiveXObject('Msxml2.XMLHTTP'); }
  catch(e1)
  {
   try{ sender = new ActiveXObject('Microsoft.XMLHTTP'); }
   catch(e2){}
```

```
    }
  }

  if(sender != null)
  {
    t = document.form1.say.value;
    document.form1.say.value = ''; //Text wieder leer machen
    document.form1.say.focus(); //Fokus setzen
    sender.open('POST','ajax_chat_msg.php',true);
    //Daten werden per POST gesendet, also Content-Type setzen
    sender.setRequestHeader('Content-Type',
                      'application/x-www-form-urlencoded');
    sender.send('un=<?=(isset($_POST['un'])?
                        urlencode($_POST['un']):
                        'unbekannt')?>'+
                '&color=<?=(isset($_POST['co'])?
                        urlencode($_POST['co']):
                        'black')?>'+
                '&msg='+escape(t));
  }
  return false;
}
```

Zu beachten ist hier die Vermischung zwischen JavaScript/Ajax und PHP, die den Usernamen sowie die gewählte Farbe an die passende Stelle setzt.

Nachrichten speichern

Wurde die Nachricht abgeschickt, müssen wir sie natürlich auch irgendwo empfangen und in unsere zuvor angelegte Datenbank schreiben. Dies geschieht einfach via PHP mit wenigen Zeilen Code:

```php
<?

$my_link = mysql_pconnect('','root',''); //zu mySQL verbinden
mysql_select_db('test',$my_link); //Datenbank auswählen

if(isset($_POST['msg'])) //Nachricht speichern?
{
  $m = htmlentities($_POST['msg']);
  $c = $_POST['color'];
  $u = $_POST['un'];
  //Name, Nachricht usw in mySQL speichern
  mysql_query('INSERT INTO ajax_msg (un, msg, log, color)
VALUES ("'.$u.'","'.$m.'",NOW(),"'.$c.'")');
  echo 'Ok';
  exit;
}
... //hier geht's gleich weiter
```

Das Skript macht hier wirklich nichts weiter, als sich zu MySQL zu verbinden und die Daten, die übergeben wurden, in die Datenbank zu schreiben und danach das Skript zu beenden.

Nachrichten abrufen

Da wir die Daten nun bereits in die Datenbank übertragen konnten, fehlt nun noch der Teil des Skripts der zum Abrufen der Daten notwendig ist. Hierfür erweitern wir zunächst die im letzten Beispiel genannte PHP-Datei um die Fähigkeit, uns die Daten als XML zu liefern:

```php
... //weiter von obigem Beispiel
$ts = date('Y-m-d H:i:s');
if(isset($_GET['ts'])){$ts = $_GET['ts'];}
```

```
header('Content-Type: text/xml'); //als XML ausgeben
echo '<?xml version="1.0"?><Msglist>';
//alle Nachrichten raussuchen
$res = mysql_query('SELECT * FROM ajax_msg
                     WHERE log > "'.$ts.'" ORDER BY log ASC');
$num = mysql_num_rows($res);
//... und ausgeben ...
for($i=0; $i<$num; $i++)
{
  echo '<msg un="'.mysql_result($res,$i,'un').'"
             ts="'.mysql_result($res,$i,'log').'"
             color="'.mysql_result($res,$i,'color').'" >'.
  str_replace('&','&amp;',mysql_result($res,$i,'msg')).
  '</msg>';
}
echo '</Msglist>';
?>
```

Auch dieser Teil des PHP-Scripts ist wieder recht einfach: Es werden alle Daten aus der MySQL-Datenbank geladen und als XML ausgegeben, die nach einem bestimmten Zeipunkt liegen. Dieser Zeitpunkt wird vom Client geliefert und entspricht dem Login-Zeitpunkt bzw. – sofern Nachrichten abgerufen wurden – dem Zeitpunkt der letzten abgerufenen Nachricht.

Nachrichten anzeigen

Als Letztes fehlt noch die Möglichkeit, die Nachrichten entsprechend anzuzeigen. Hierzu richten wir wie bereits erwähnt einen Timer ein, der alle 1000 Millisekunden (= 1 Sek) eine Ajax-Anfrage an unser PHP-Script richtet und nach neuen Nachrichten fragt. Die Ajax-Anfrage selbst ist dabei nichts wirklich Besonderes, lediglich das Auslesen der XML-Daten und anschließende Einfügen in unser vorher präpariertes `<div>` ist ein wenig anders, als Sie es von vorhergehenden Beispielen gewohnt sind:

```
var xml = null;
var ts = "<?=date('Y-m-d H:i:s')?>";
var running = false;
var dl = 0;
function getMsgs()
{
 dl++;
 if(running && dl < 30){return;}
 if(running && dl >= 30 && xml != null){xml.abort();}
 dl = 0;
 running = true;
 if(xml == null)
 {
  if(window.XMLHttpRequest){ xml = new XMLHttpRequest(); }
  else if(window.ActiveXObject)
  {
   try{ xml = new ActiveXObject('Msxml2.XMLHTTP'); }
   catch(e1)
   {
    try{ xml = new ActiveXObject('Microsoft.XMLHTTP'); }
    catch(e2){}
   }
  }
 }

 if(xml != null)
 {
  xml.open('GET','ajax_chat_msg.php?ts='+escape(ts),true);
  xml.onreadystatechange = fillMsgs;
```

```
  xml.send(null);
 }
}


var f = null;
//Response entgegennehmen
function fillMsgs()
{
 //das Element raussuchen, an den wir den neuen Text anhängen
 if(f == null){ f = document.getElementById('first');}
 if(xml.readyState == 4){running = false;}
 if(xml.readyState == 4 && xml.status == 200)
 {
  d = document.getElementById('msgs');
  x = xml.responseXML.documentElement;
  //alle Knoten durchlaufen
  for(i=0;i<x.childNodes.length;i++)
  {
   itm = x.childNodes.item(i);
   if(itm.nodeType == 1) //Elementknoten
   {
    name = itm.getAttribute('un');
    ts = itm.getAttribute('ts');
    color = itm.getAttribute('color');
    txt = '';
    //Textinhalt des Knotens rausschreiben
    for(j=0;j<itm.childNodes.length;j++)
    {
     txt += itm.childNodes[j].nodeValue;
    }
```

```
  //neues Element erstellen ...
  e = document.createElement('p');
  //... und füllen
  e.innerHTML = '&lt;'+name+' um '+ts+'&gt; '+txt;
  e.style.color = color;
  e.style.margin = '2px';
  //das neue Element einfügen
  d.insertBefore(e,f);
  f = e; //e wird f (neu zu alt) damit die Reihenfolge stimmt
  }
 }
}
}
window.setInterval('getMsgs()',1000);
// alle 1000 ms nach neuen Nachrichten suchen
```

Damit sich die Anfragen nicht überschneiden, werden wir vor dem Absenden der Anfrage prüfen, ob die Vorgängeranfrage auch wirklich schon beendet ist und nicht einfach nur etwas länger dauert, weil gerade größere Mengen an Daten geladen werden. Diese Prüfung geschieht hier mit den Variablen running (true bedeutet es läuft gerade ein Abruf) und dl (zählt die gescheiterten Versuche, damit sich das Skript nicht aufhängt).

Darüber hinaus können wir hier den Nachrichtentext wegen möglicher Sonderzeichen nicht aus einem Attributwert beziehen, sondern müssen ihn als normalen Text ermitteln. Hierfür werden einfach die childNodes durchlaufen und alle nodeValues zu einem Text addiert, der dann ausgegeben werden kann.

Das komplette Skript

... sieht dann so aus:

```
<html>
<head>
<title>Ajax Chat</title>
<script language="JavaScript">
<!-
var xml = null;
var ts = "<?=date('Y-m-d H:i:s')?>";
var running = false;
var dl = 0;
// das Übliche: Objekt erstellen und Request abschicken
function getMsgs()
{
 dl++;
 if(running && dl < 30){return;}
 if(running && dl >= 30 && xml != null){xml.abort();}
 dl = 0;
 running = true;
 if(xml == null)
 {
  if(window.XMLHttpRequest){ xml = new XMLHttpRequest(); }
  else if(window.ActiveXObject)
  {
   try{ xml = new ActiveXObject('Msxml2.XMLHTTP'); }
   catch(e1)
   {
    try{ xml = new ActiveXObject('Microsoft.XMLHTTP'); }
    catch(e2){}
```

```
    }
   }
  }

  if(xml != null)
  {
   xml.open('GET','ajax_chat_msg.php?ts='+escape(ts),true);
   xml.onreadystatechange = fillMsgs;
   xml.send(null);
  }
}

var f = null;
//Response verarbeiten
function fillMsgs()
{
 //ersten suchen
 if(f == null){ f = document.getElementById('first');}
 if(xml.readyState == 4){running = false;}
 if(xml.readyState == 4 && xml.status == 200)
 {
  d = document.getElementById('msgs');
  x = xml.responseXML.documentElement;
  for(i=0;i<x.childNodes.length;i++) //Unterknoten durchlaufen
  {
   itm = x.childNodes.item(i);
   if(itm.nodeType == 1) // ist Elementknoten
   {
    name = itm.getAttribute('un');
```

```
      ts = itm.getAttribute('ts');
      color = itm.getAttribute('color');
      txt = '';
      //Text des Elements rausschreiben
      for(j=0;j<itm.childNodes.length;j++)
      {
        txt += itm.childNodes[j].nodeValue;
      }

      //neues Element erzeugen ...
      e = document.createElement('p');
      // ... und füllen
      e.innerHTML = '&lt;'+name+' um '+ts+'&gt; '+txt;
      e.style.color = color;
      e.style.margin = '2px';
      d.insertBefore(e,f); //neues Element einfügen
      f = e; //e wird f (neu zu alt) damit die Reihenfolge stimmt
     }
    }
   }
}
window.setInterval('getMsgs()',1000);
// alle 1000 ms nach neuen Nachrichten suchen

//Request für neue Nachricht abschicken
function sendMsg()
{
 var sender = null;
 if(window.XMLHttpRequest){ sender = new XMLHttpRequest(); }
 else if(window.ActiveXObject)
 {
   try{ sender = new ActiveXObject('Msxml2.XMLHTTP'); }
```

```
  catch(e1)
  {
   try{ sender = new ActiveXObject('Microsoft.XMLHTTP'); }
   catch(e2){}
  }
 }

 if(sender != null)
 {
  t = document.form1.say.value;
  document.form1.say.value = '';
  document.form1.say.focus();
  sender.open('POST','ajax_chat_msg.php',true),
  sender.setRequestHeader('Content-Type',
                         'application/x-www-form-urlencoded');
  sender.send('un=<?=(isset($_POST['un'])?
                      urlencode($_POST['un']):
                      'unbekannt')?>'+
               '&color=<?=(isset($_POST['co'])?
                      urlencode($_POST['co']):
                      'black')?>'+
               '&msg='+escape(t));
 }
 return false;
}


//->
</script>
</head>
<body bgcolor="#AEC8F7" >
<?
if(isset($_POST['un'])) //eingeloggt?
```

```
{
 ?>
 <div id="msgs" style="width:100%; height:500px;
overflow:scroll; border:1px solid #BFBFBF; background-
color:white;">
 <p id="first">Hallo <?=$_POST['un']?>, willkommen im Chat!</p>
 </div>
 <form onsubmit="return sendMsg();" name="form1" style="margin:
0px; padding:0px;" method="post" action="#">
 <table align="center">
  <tr>
   <td>Sag an:</td>
   <td><textarea style="width:500px; height:50px;" name="say"
cols="50" rows="3"></textarea></td>
   <td><input type="Submit" style="width:100px; height:50px;"
value="Los"></td>
  </tr>
 </table>
 </form>
<?
}
else //noch nicht eingeloggt
{
 ?>
 <div align="center" style="width:100%; border:1px solid
#BFBFBF; background-color:white;">
 <div style="width:300px;">
 <form method="post" action="ajax_chat.php">
  <table>
```

```
  <tr>
   <td><b>Dein Username:</b></td>
   <td><input type="Text" name="un" value="" ></td>
  </tr>
  <tr>
   <td><b>Deine Farbe:</b></td>
   <td>
    <select name="co">
     <option value="#000000">Schwarz</option>
     <option value="#0000FF">Blau</option>
     <option value="#800000">Maroon</option>
     <option value="#008000">Grün</option>
     <option value="#800080">Lila</option>
    </select>
   </td>
  </tr>
 </table>
 <input type="Submit" value="Beitreten ...">
 </form>
 </div>
 </div>
 <?
 }
?>
</body>
</html>
```

Im Browser sieht das Ganze so aus:

Abbildung 28 ~ **Der Chat im Browser**

Alles in allem ist das Skript natürlich noch ausbaufähig. So könnte man etwa das Login-System sicherer machen, um doppelte Usernamen zu vermeiden, es könnten die eingeloggten User angezeigt werden, und man könnte diverse Features wie etwa Smileys und dergleichen integrieren.

Stichwortverzeichnis

<script> 36
    Daten per Skript nachladen 161
    Ereignis-Skripts 65

A
ActiveX 144
Ajax 144
    Frameworks 146, 165
    Praxisbeispiele 181
AjaXSLT 166
Anweisungen 38
Array 84, 89
    sortieren 91
ASP.NET
    Ajax mit ASP.NET 176
Atlas 176
Ausblenden 126
    Praxisbeispiel 135

B
Bedingungen 54
Boolesche Werte 43
Browser 31
    Browserproblem 116

C
catch 78
CF
    Ajax mit Perl, CF und Python 174
Checkboxen 98
Clientseite 31
Constructor 75
Cookies 108

D
Date 84
Daten abrufen, Ajax 147
Daten senden 163
Datentypen 41
Datum 86
Dezimalzahl 42
DHTML 114
document 85
    open 103
    write 101
do-while 61
Drag&Drop 137
Dropdown-Menü 132
Dynamic Region 167

E

Eingabefelder 96
else 56
Entstehung 30
Ereignisse 64
    DHTML 127
    Rückmeldung auf Ereignisse 67

F

Fenster 101
finally 78
Fließkommazahlen 42
for 58
for-in 59
Formulare kontrollieren 94
Formularelemente 94
Formularverarbeitung
    ... mit Ajax 193
Frames 101
    Aufruf in fremdem Frameset
    verhindern 105
Funktionen 51

H

Hexadezimalzahlen 42
Hintergrund 125
history 85
HTML 32
    Ereignisse 64
HTTP 148

I

if 55
IFrame 160

J

JavaScript
    <script> 32
    externe Datei 34
JSON 159

K

Kommentare 39
Konditionalabfrage 57

L

Label 63
Layer 119
location 85

N

null 44
Number 84

O

Objekte 69
    komplexe 71
    Vererbung 74
    via DHTML ansprechen 121
    Wichtige Objekte 84
Oktalzahlen 42
Operatoren 47

P

Parameter 52
Passwortfelder 98
Perl
    Ajax mit Perl, CF und Python 174
PHP, Ajax mit PHP 170

Popup 103
Positionierung 123
Prototype 75
Python
    Ajax mit Perl, CF und Python 174

R
Radiobuttons 98
Request 150
Response 153
Rückgabewerte 53

S
Sajax 174
Schleifen 58
Select-Felder 99
Serverseite 31
Sonderzeichen 43
Spry 166
String 42, 84
switch 57

T
this 78
throw 81
try 78

U
Uhrzeit 88
undefined 44

V
Variablen 40
    Haltbarkeit 46
    Verhalten von Variablen bei
    Funktionen 53
Verarbeitung 76
Vererbung 74
Vordergrund 125

W
while 60
window 84
    open 103
with 76

X
Xajax 170
XML 144, 156
XML-Datasets 167
XMLHttpRequest 147
    Ajax ohne XMLHttpRequest 160

Z
Zeit 86

Stichwortverzeichnis

Winkler

Ajax = JavaScript + XML